DR. OETKER

KALTE PLATTEN

kleine, feine Köstlichkeiten

DR. OETKER

KALTE PLATTEN

kleine, feine Köstlichkeiten

CERES

Vorwort

Erst schweifen die Augen über die unterschiedlich gelegten Reihen an Köstlichkeiten: Welches nehme ich denn jetzt? Dies oder doch lieber das da hinten und das da sieht ja auch lecker aus! Aber zu guter Letzt ist es dann doch nur eine Frage der Reihenfolge, wann welcher Leckerbissen drankommt. Bei kalten Platten greift nun einmal jeder gerne zu.

Und nicht nur, dass sich lauter wunderbare Speisen auf die dekorativste Art präsentieren, der größte Vorteil der kalten Platten ist, dass sie, noch bevor der erste Gast eintrifft, längst schon fertig sind und nur noch hingestellt werden müssen, wenn es ans Essen geht.

Anlass für kalte Platten gibt es mehr als genug. Es fängt an bei der Einladung zum Glas Wein oder einem Spieleabend; ein paar nette Kleinigkeiten finden schnell dankbare Abnehmer, geht weiter zu kleinen Familienfeiern mit Rezepten, die Erwachsenen und auch Kindern schmecken, Geburtstagen bis hin zu offizielleren Anlässen, die vielleicht einen eher feineren Charakter haben sollen.

In diesem Buch finden Sie viele Anregungen für kalte Platten, die jedem Anlass gerecht werden und auch den unterschiedlichen Zeit- und Arbeitsaufwand berücksichtigen. Je nach Zeit und Lust kann das aufwendiger zuzubereitende Rezept weggelassen oder durch ein Rezept einer anderen Platte ausgetauscht werden. Neben vielen neuen Rezepten, gibt ein Ratgeber noch wichtige Tipps.

Abkürzungen

EL = Esslöffel
TL = Teelöffel
Msp. = Messerspitze
Pck. = Packung / Päckchen
g = Gramm
kg = Kilogramm
ml = Milliliter
l = Liter
evtl. = eventuell
geh. = gehäuft
gestr. = gestrichen
TK = Tiefkühlprodukt
°C = Grad Celsius
Ø = Durchmesser

Hinweise zu den Rezepten

Lesen Sie bitte vor der Zubereitung – oder sorgar vor dem Einkaufen – das Rezept einmal vollständig durch. Oft werden Arbeitsabläufe oder -zusammenhänge dann klarer.

Portionsangaben

Für jede Platte ist eine Portionsangabe angegeben, die sich auf die gesamte Platte bezieht. Werden nur Teile einer Platte gemacht oder aus verschiedenen Platten eine eigene Auswahl zusammengestellt, helfen die Stückzahl- oder Portionsangaben bei den einzelnen Rezepten, zu ermitteln, wie viel gebraucht wird.

Kapitelübersicht

Fleischplatten

Fischplatten

Gemüse- und Brotplatten

Kapitelübersicht

Fleischplatten

Schinkenplatte

6–7 Portionen

Schinkenbeutelchen

10 Stück

Zutaten

5 Scheiben (etwa 250 g)
Holsteiner Schinken
4 EL Kartoffelsalat
Schnittlauchhalme

Zubereitungszeit:
20 Minuten

1 Schinkenscheiben halbieren. Die Kartoffelstücke des Salates evtl. etwas zerkleinern.

2 Kartoffelsalat auf den Schinkenscheiben verteilen und den Schinken zu Beuteln zusammenfassen.

3 Die Beutelchen mit Schnittlauchhalmen zusammenbinden.

Tipp: *Kartoffelsalat kann fertig gekauft werden oder selbst gemacht werden. Für den selbstgemachten Salat 2–3 Pellkartoffeln in kleine Würfel schneiden. Mit 1 Esslöffel Mayonnaise und 1 kleinen, in Würfel geschnittenen Gewürzgurke verrühren, mit Salz und Pfeffer abschmecken.*

Schwarzwälder Schinken mit Pflaumen-Chutney

8–10 Stück

Zutaten

8–10 dünne Scheiben
(etwa 250 g) Schwarzwälder
Schinken
3–4 Schwarzbrotscheiben
3–4 EL Backpflaumen-
Chutney (aus dem Glas,
Fertigprodukt)

Zubereitungszeit:
15 Minuten

1 Schinken zu Röllchen formen und auf einer Platte in einer Reihe anrichten.

2 Schwarzbrot mit Backpflaumen-Chutney bestreichen und in Streifen schneiden. Eine Reihe Brotstücke parallel zu den Schinkenröllchen legen.

Tipps: *Statt Backpflaumen-Chutney kann auch Pflaumenmus, mit Rotweinessig, Salz und Pfeffer verrührt, verwendet werden. Nach Belieben frische, in Rotweinessig und Zucker gedünstete, erkaltete Pflaumenviertel dazureichen.*

(Fortsetzung Seite 10)

(Fortsetzung von Seite 8)

Schinkenröllchen mit Gemüsestreifen

8 Stück

Zutaten
1 gelbe Paprikaschote
1 Möhre
2 Frühlingszwiebeln
2 EL Essig
1 EL Zucker
Salz
frisch gemahlener Pfeffer
4 EL Speiseöl
8 Scheiben gekochter Schinken

Zubereitungszeit:
35 Minuten, ohne Durchziehzeit

1 Paprikaschote halbieren, entstielen, entkernen, die weißen Scheidewände entfernen, Schoten waschen und der Länge nach in Streifen schneiden. Möhren putzen, schälen, waschen und in dünne Streifen schneiden. Die Streifen sollen so lang wie die Paprikastreifen sein.

2 Die Gemüsestreifen in kochendem Salzwasser 2–3 Minuten blanchieren. Das Gemüse mit einer Schaumkelle aus dem Wasser nehmen und dann in Eiswasser geben (damit das Gemüse die Farbe behält).

3 Von den Frühlingszwiebeln das Weiße abschneiden, in feine Streifen schneiden (in der Länge der anderen Gemüsestreifen), waschen und trockentupfen.

4 Essig, Zucker und Salz aufkochen lassen, mit Pfeffer und Öl verrühren, über das Gemüse geben und etwa 20 Minuten durchziehen lassen.

5 Die Schinkenscheiben ausbreiten, das Gemüse so darauf verteilen, dass es an einem Ende des Schinkens sichtbar bleibt. Den Schinken aufrollen.

6 Das Grüne der Frühlingszwiebeln waschen, kurz blanchieren, dann in kaltes Wasser legen, trockentupfen und um die Schinkenscheiben wickeln.

Bündnerfleisch

15 Stück

Zutaten
200 g Bündnerfleisch, hauchdünn geschnitten
Cornichons
Perlzwiebeln

Zubereitungszeit:
15 Minuten

1 Bündnerfleisch zu Rosen drehen und diese kreisförmig anordnen.

2 Mit Cornichons und Perlzwiebeln garnieren.

Tipp: *Eingelegte Maiskolben oder Mixed Pickles können auch zu dem Schinken gereicht werden. Dazu passt ein deftiges Bauernbrot.*

Westfälischer Schinken auf Gurkenscheiben

12 Stück

Zutaten

125 g Speisequark
1 EL Weizenkorn
1 Scheibe Schwarzbrot
3–4 Radieschen
Salz
frisch gemahlener Pfeffer
etwa 12 Salatgurkenscheiben
3 dünne Scheiben (etwa 75 g) Westfälischer Knochenschinken

Zubereitungszeit:
25 Minuten

1 Quark mit Korn verrühren. Schwarzbrot zerkrümeln. Radieschen putzen, waschen und in kleine Würfel schneiden. Beide Zutaten in den Quark rühren. Mit Salz und Pfeffer abschmecken.

2 Den Quark auf den Gurkenscheiben verteilen. Die Schinkenscheiben in 4 Streifen schneiden, zu Rosen drehen und auf den Quark setzen.

Tipp: *Nach Belieben noch mit Radieschen garnieren.*

Schinkentaschen mit Feigen (ohne Foto)

18 Stück

Zutaten

5 frische Feigen
4 EL Sherry
60 g gemahlene Pinienkerne
1 EL gehackte Zitronenmelisse
1 Scheibe Toastbrot
18 Scheiben (etwa 250 g) Serranoschinken (nicht zu dünn geschnitten)
evtl. einige Zitronenmelisseblättchen

Zubereitungszeit:
20 Minuten

1 Feigen waschen, trockentupfen, vierteln, das Fruchtfleisch herauslösen und kleinschneiden. Das Fruchtfleisch mit 2 Esslöffeln Sherry, Pinienkernen und Zitronenmelisse verrühren.

2 Toastbrot in 18 Würfel schneiden und diese mit dem restlichen Sherry tränken.

3 Je 1 Teelöffel Feigenmasse auf jede Schinkenscheibe verteilen. Jeweils einen Brotwürfel auf die Feigenmasse geben und die Schinkenscheiben zu einer Tasche falten.

4 Die Schinkentaschen auf die Feigenschalen legen und nach Belieben mit Zitronenmelisse garnieren.

Tipp: *Statt des spanischen Serranoschinkens kann auch Parmaschinken genommen werden.*

Italienisches Roastbeef

Foto – 8 Stück

Zutaten

Für die Marinade:
5 EL Portwein
2 EL Zitronensaft
2 TL Kapern
2 EL Olivenöl
1 Prise Salz
frisch gemahlener Pfeffer

8 Scheiben Roastbeef (etwa 150 g)
einige frische Kräuter, z. B. Rosmarin, Thymian, Petersilie

Zubereitungszeit:
10 Minuten, ohne Marinierzeit

1 Für die Marinade Portwein mit Zitronensaft, Kapern und Olivenöl verrühren. Mit Salz und Pfeffer abschmecken.

2 Roastbeef in die Marinade geben, etwa 2 Stunden durchziehen lassen.

3 Das Roastbeef in der Marinade servieren, mit Kräutern garnieren.

Tipp: *Ciabatta (italienisches Weißbrot) dazureichen.*

Schweinesteaks mit Kapernäpfeln

Titelfoto – 4 Portionen

Zutaten

etwa 500 g Schweinefilet
2–3 EL Madeira
Salz
bunter Steakpfeffer
Kapernäpfel (aus dem Glas)

Zubereitungszeit:
20 Minuten, ohne Abkühlzeit

1 Schweinefilet unter fließendem kalten Wasser abspülen, trockentupfen, Haut und Sehnen entfernen. Das Filet in etwa 2 cm dicke Steaks schneiden.

2 Jedes Steak mit Küchengarn zusammenbinden. Öl in einer Pfanne erhitzen, die Steaks von beiden Seiten je etwa 3 Minuten braten.

3 Mit Madeira ablöschen und das Fleisch mit Salz und Pfeffer würzen. Die Steaks in der Pfanne erkalten lassen, dabei 2–3mal wenden.

4 Das Küchengarn entfernen, die Steaks mit halbierten Kapernäpfel garniert auf einer Platte anrichten.

Bratenaufschnittplatte

6 Portionen

Zutaten
200 ml Weißweinessig
125 ml (⅛ l) Apfelsaft
1 Lorbeerblatt
3 Wacholderbeeren
5 schwarze Pfefferkörner
1 Prise Zucker
etwa 400 g Kasslerfilet (Kasslerkotelett ausgelöst)
100 g grüne, kernlose Weintrauben
1 Apfel
3 EL Sonnenblumenöl
Salz
frisch gemahlener Pfeffer

Zubereitungszeit:
45 Minuten, ohne Abkühlzeit

Mariniertes Kasslerfilet

4 Portionen

1 Weinessig, Apfelsaft mit Lorbeerblatt, Wacholderbeeren, Pfefferkörnern und Zucker zum Kochen bringen.

2 Das Fleisch kalt abspülen und in dem Sud etwa 30 Minuten ziehen lassen, nach 15 Minuten wenden, dann das Fleisch in dem Sud erkalten lassen.

3 Das Fleisch aus dem Sud nehmen, in dünne Scheiben schneiden (evtl. das Fleisch kurz vorher einfrieren) und auf einer Platte anrichten.

4 Von der Sudflüssigkeit 100 ml abmessen. Weintrauben waschen, von den Stielen zupfen und halbieren. Apfel waschen, halbieren, das Kerngehäuse entfernen, das Fruchtfleisch in Würfel schneiden.

5 Den abgemessenen Kochsud mit den Weintrauben, den Apfelwürfeln, Sonnenblumenöl, Salz und Pfeffer verrühren und über das Fleisch geben.

Tipp: *Nach Belieben etwas Sud mit Gelatine andicken und über dem Fleisch verteilen, so dass das Fleisch glasiert ist.*

Zutaten
etwa 175 g Waldorfsalat (aus dem Kühlregal, fertig gekauft)
8 Scheiben (etwa 150 g) Roastbeef als Aufschnitt

Zubereitungszeit:
10 Minuten

Roastbeefröllchen

8 Stück

1 Jeweils ein Achtel des Waldorfsalates in die Mitte einer Roastbeefscheibe geben.

2 Die Roastbeefscheiben aufrollen.

Tipp: *Nach Belieben die Roastbeefröllchen auf in Scheiben geschnittene Babyananas legen.*

(Fortsetzung Seite 16)

(Fortsetzung von Seite 14)

Schinkenwurst-Röllchen

12 Stück

Zutaten
2 EL abgezogene, gemahlene Mandeln
4 TL Basilikumpaste in Öl (Fertigprodukt aus dem Glas)
6 Scheiben (etwa 125 g) Schinkenwurst (Fleischwurst Ø 9 cm)
12 in Öl eingelegte Knoblauchzehen

Zubereitungszeit:
15 Minuten

1 Mandeln in einer beschichteten Pfanne leicht anrösten und dann erkalten lassen.

2 Mandeln mit der Basilikumpaste verrühren. Die Paste auf die Schinkenwurstscheiben streichen.

3 Die Wurstscheiben halbieren und aufrollen. Jeweils eine Knoblauchzehe auf einen kleinen Holzspieß stecken und diesen in die Röllchen spießen.

Tipp: *Nach Belieben mit Basilikumblättern garnieren.*

Fleischwurstkörbchen

6 Stück

Zutaten
6 Scheiben Fleischwurst
Für die Füllung:
½ Bund Radieschen
½ Bund Rauke
Für die Salatsauce:
1 TL Rotweinessig
Salz
frisch gemahlener, schwarzer Pfeffer
1 Prise Zucker
1 EL Olivenöl

Zubereitungszeit:
25 Minuten

1 Die Fleischwurstscheiben mit Pelle kurz in einer beschichteten Pfanne braten, so dass Körbchen entstehen und dann erkalten lassen. Die Pelle entfernen.

2 Für die Füllung Radieschen putzen, waschen und in Stifte schneiden. Rauke putzen, waschen, trockenschleudern oder -tupfen, etwas kleinschneiden und mit den Radieschenstiften vermischen.

3 Für die Salatsauce Essig mit Salz, Pfeffer und Zucker verrühren und dann das Öl hinzufügen.

4 Die Salatsauce unter die Rauke und die Radieschen mischen und den Salat in die Fleischkörbchen füllen.

Tipp: *Es schmeckt auch sehr gut, wenn über den Salat noch grob geraspelter oder geriebener Parmesan gestreut wird.*

Westfälische Kalbsschnitzelroulade
(ohne Foto)

1 Kalbfleischscheiben unter fließendem kalten Wasser abspülen und trockentupfen.

2 Die Birne schälen, halbieren, das Kerngehäuse entfernen und die Birnenhälfen in dünne Scheiben schneiden.

3 Die Birnenscheiben auf dem Kalbfleisch verteilen, dann die Blutwurst in Scheiben geschnitten auf die Birnenscheiben geben. Das Fleisch zu Rouladen zusammenrollen und mit Küchengarn umwickeln.

4 Butterschmalz in einer Pfanne zerlassen, das Fleisch von allen Seiten gut darin anbraten, Fond hinzugießen und etwa 15 Minuten schmoren lassen, zwischendurch wenden. Die Roulade erkalten lassen.

5 Die Roulade in dünne Scheiben schneiden und auf einer Platte anrichten.

Tipps: *Nach Belieben mit Birnenstückchen garnieren. Statt der Birne kann auch ein Apfel genommen werden. Je nach Geschmack können die Rouladenscheiben auch noch mit Aspik überzogen werden. Dazu 125 ml (⅛ l) Fleischsud mit 2 Blatt weißer Gelatine nach Packungsanleitung der Gelatine zu Aspik verarbeiten und die Fleischscheiben damit überziehen. Die Kalbsschnitzelroulade ist gut vorzubereiten.*

Zutaten

2 Kalbfleischscheiben (aus der Keule, à etwa 160 g, ½ cm dick geschnitten)
2 reife Birnen
300 g Blutwurst am Stück
zum Braten
25 g Butterschmalz
2 EL Fleischfond

Zubereitungszeit:
40 Minuten, ohne Abkühlzeit

Tatar-Häppchen

Foto – 20 Stück

Zutaten
3 Schalotten
2 Cornichons
1 Eigelb
250 g Tatar
Salz
1 EL Kapern
1 TL scharfer Senf
frisch gemahlener Pfeffer
Paprika edelsüß
3–4 große Friséesalatblätter
20 Pumpernickeltaler
50 g Butter
5 Cocktailtomaten

Zubereitungszeit:
20 Minuten

1 Schalotten abziehen, Schalotten und Cornichons in kleine Würfel schneiden. Cornichonwürfel, Eigelb, die Hälfte der Schalottenwürfel und Tatar vermengen. Mit Salz, Kapern, Senf, Pfeffer und Paprika abschmecken.

2 Friséeblätter waschen, trockentupfen und in kleine Stücke teilen. Pumpernickelscheiben mit Butter bestreichen, Salatblätter darauf legen und darauf die Tatarmischung geben.

3 Cocktailtomaten waschen und vierteln. Tomatenviertel zusammen mit den restlichen Schalottenwürfeln auf den Häppchen verteilen.

Tipp: *Wer keine Pumpernickeltaler bekommt kann auch 5 große Pumpernickelscheiben nehmen und diese vierteln.*

Roastbeef-Häppchen

16 Stück

Zutaten
4 Scheiben Graubrot
30 g Remoulade
8 Scheiben Roastbeef
(als Aufschnitt)
Kapern

Zubereitungszeit:
10 Minuten

1 Graubrot mit Remoulade bestreichen und vierteln.

2 Roastbeef halbieren, etwas zusammenfalten, die Brotstücke damit belegen und mit Kapern garnieren.

Tipp: *Nach Belieben mit Tomatenachteln garnieren.*

Hackbällchenplatte

8 Portionen

Zutaten
½ Zwiebel
25 g frischer Ingwer
250 g Rinderhack
1 EL Sojasauce
Salz
frisch gemahlener Pfeffer
1 Prise gemahlener Zimt
½ TL Cumin (Kreuzkümmel)
2–3 EL Speiseöl
Zum Garnieren:
Karambole
Melisse

Zubereitungszeit:
30 Minuten, ohne Abkühlzeit

Asiatische Hackbällchen

18 Stück

1 Zwiebel abziehen und fein hacken. Ingwer schälen und ebenfalls fein hacken.

2 Zwiebel und Ingwer mit Rinderhack, Sojasauce, Salz, Pfeffer, Zimt und Cumin verkneten.

3 Aus der Fleischmasse Bällchen von etwa 3 cm Durchmesser formen.

4 Fett in einer Pfanne erhitzen, die Hackbällchen in etwa 8 Minuten goldbraun braten und auf Küchenpapier abtropfen lassen.

5 Die asiatischen Hackbällchen nach Belieben mit Karambole und Melisseblättchen garnieren.

Tipp: *Die Hackbällchen können auch fritiert werden.*

Zutaten
1 kleine Zwiebel
300 g Gehacktes (halb Rind-, halb Schweinefleisch)
Salz
frisch gemahlener Pfeffer
1 Ei
2 EL Semmelbrösel
125 g Mozzarella
3–4 EL Speiseöl
einige Basilikumblätter zum Garnieren

Zubereitungszeit:
25 Minuten, ohne Abkühlzeit

Italienische Hackbällchen

16 Stück

1 Zwiebel abziehen und in Würfel schneiden. Hackfleisch mit Zwiebelwürfeln, Salz, Pfeffer, Ei und Semmelbröseln gut vermengen.

2 Mozzarella in 16 Würfel schneiden. Die Hackfleischmasse zu 16 Bällchen formen, ein Loch in jedes Bällchen drücken, ein Stück Mozzarella hineingeben und mit Fleisch umhüllen.

3 Die Bällchen in heißem Öl von beiden Seiten hellbraun anbraten, bei kleinerer Hitze fertig braten.

(Fortsetzung Seite 22)

(Fortsetzung von Seite 20)

Hackbällchen mit Roquefortfüllung

16 Stück

Zutaten

- 1 Knoblauchzehe
- 1 Birne (etwa 150 g)
- 300 g Rindergehacktes
- 20 g Semmelbrösel
- 1 Ei
- 2 EL Tomatenketchup
- 2 EL gehackte Petersilie
- Salz, Pfeffer
- 75 g Roquefortkäse
- 40 g Semmelbrösel
- 1 kg Ausbackfett

Zubereitungszeit:
35 Minuten, ohne Abkühlzeit

1 Knoblauch abziehen und fein würfeln. Birne schälen, halbieren, das Kerngehäuse herausschneiden und die Birne in feine Würfel schneiden.

2 Rindergehacktes mit Knoblauch, Birnen, Semmelbröseln, Ei, Tomatenketchup und Petersilie gut vermengen, mit Salz und Pfeffer abschmecken.

3 Käse in 16 kleine Stücke schneiden, aus dem Fleischteig 16 walnussgroße Klößchen formen, ein Loch in jedes Klößchen drücken, ein Stück Roquefort hineingeben, die Klößchen wieder gut zusammendrücken und in Semmelbröseln wenden.

4 Portionsweise schwimmend in siedendem Ausbackfett jeweils etwa 5 Minuten ausbacken, auf Haushaltspapier abtropfen lassen und kalt servieren.

Tipp: *Nach Belieben mit Cocktailsauce (Fertigprodukt) servieren. Die Hackbällchen können auch in der Pfanne in 3–4 Esslöffeln Speiseöl gebraten werden.*

Cevapcici

16 Stück

Zutaten

- 400 g Gehacktes (halb Rind-, halb Schweinefleisch)
- 1 Ei
- Salz
- frisch gemahlener Pfeffer
- Paprika edelsüß
- 125 ml (⅛ l) Speiseöl
- 2 mittelgroße Zwiebeln
- ½ rote Paprikaschote
- ½ grüne Paprikaschote

Zubereitungszeit:
40 Minuten, ohne Abkühlzeit

1 Gehacktes mit dem Ei vermengen und mit Salz, Pfeffer und Paprika würzen. Aus der Masse etwa 16 fingergroße Rollen formen.

2 Das Öl erhitzen und die Röllchen darin etwa 5–7 Minuten braten und dann erkalten lassen.

3 Zwiebel abziehen und in Ringe schneiden. Paprikaschoten entstielen, Kerne und weiße Scheidewände entfernen, die Paprikaschoten waschen und in Stücke schneiden.

4 In jedes Fleischröllchen ein kleines Holzstäbchen mit einem Paprikastück stecken, die Zwiebelringe darüber verteilen. Mit Paprikapulver bestäuben.

Tipp: *Nach Belieben mit Zigeunersauce servieren.*

Kräuter-Hack-Bällchen (ohne Foto)

16 Stück

1 Gehacktes mit Quark in eine Schüssel geben.

2 Zwiebeln abziehen, fein würfeln, mit Schnittlauch, Petersilie und Eiern zu dem Fleisch geben, mit Salz und Pfeffer würzen und gut vermengen.

3 Aus dem Fleischteig mit nassen Händen 16 Hackbällchen formen und in Semmelbröseln wenden. Butterschmalz erhitzen und die Kräuter-Hack-Bällchen darin von allen Seite etwa 8 Minuten braten.

Zutaten

- 400 g Gehacktes (halb Rind-, halb Schweinefleisch)
- 200 g Speisequark
- 2 kleine Zwiebeln
- 2 EL feingeschnittener Schnittlauch
- 2 EL gehackte Petersilie
- 2 Eier
- Salz
- frisch gemahlener, weißer Pfeffer
- 40 g Semmelbrösel
- 40 g Butterschmalz

Zubereitungszeit:
25 Minuten, ohne Abkühlzeit

Griechische Hacktaler (ohne Foto)

24 Stück

1 Die Rinde des Toastbrotes abschneiden, das Brot auf einen Teller legen und mit Ouzo tränken.

2 Zwiebel und Knoblauch abziehen und hacken. Rindergehacktes zusammen mit Toastbrot, Zwiebeln, Knoblauch, Quark, Ei und Kräutern vermengen. Das Ganze mit Salz und Pfeffer würzen.

3 Aus der Fleischmasse 24 kleine Taler formen, die Taler auf ein Brett oder die Arbeitsfläche nebeneinanderlegen. Die Hälfte des Mehls darübersieben, die Taler wenden und mit dem restlichen Mehl bestäuben.

4 Öl in einer Pfanne erhitzen, die Fleischtaler darin von allen Seiten etwa 5 Minuten braten. Die Taler erkalten lassen.

Tipp: *Die Hacktaler nach Belieben mit Minzeblättchen garnieren.*

Zutaten

- 3 Scheiben Toastbrot (etwa 75 g)
- 4 EL Ouzo (griechischer Anisschnaps)
- 1 kleine Zwiebel
- 1 Knoblauchzehe
- 300 g Rindergehacktes
- 75 g Magerquark
- 1 Ei
- 1 EL gehackte Minze
- 1 EL gehackter Oregano
- Salz
- frisch gemahlener Pfeffer
- etwa 2 EL Weizenmehl
- 3 EL Olivenöl

Zubereitungszeit:
25 Minuten, ohne Abkühlzeit

Geflügelplatte

4 Portionen

Zutaten

2 Hähnchenbrustfilets
(à 125 g)

Für die Füllung:
4 Salbeiblätter
4 in Öl eingelegte Tomaten
je 10 grüne und schwarze Oliven
1 EL Pesto (aus dem Glas)
2 EL abgezogene, gemahlene Mandeln

2 EL Olivenöl

125 ml (⅛ l) Schlagsahne
Zitronensaft
1 EL Tomatenmark
Salz
frisch gemahlener Pfeffer

Zubereitungszeit:
40 Minuten, ohne Abkühlzeit

Gefüllte Hähnchenbrustfilets

etwa 12 Scheiben

1 Hähnchenbrustfilets unter fließendem kalten Wasser abspülen, trockentupfen, aufschneiden und auseinanderklappen, so dass flache Schnitzel entstehen.

2 Für die Füllung Salbeiblätter abspülen, trockentupfen und hacken. Tomaten in kleine Würfel schneiden. Oliven entkernen und kleinschneiden.

3 Die vorbereiteten Zutaten für die Füllung mit Pesto und Mandeln vermischen und die Hähnchenbrustfilets damit bestreichen. Die Hähnchenbrustfilets aufrollen und mit Küchengarn zusammenbinden.

4 Öl in einer Pfanne erhitzen, das Geflügel von allen Seiten gut darin anbraten und zugedeckt etwa 15 Minuten schmoren lassen. Das Fleisch dann erkalten lassen.

5 Die Hähnchenbrustfilets in dünne Scheiben schneiden und auf einer Platte anrichten.

6 Sahne steif schlagen, mit Zitronensaft, Tomatenmark, Salz und Pfeffer abschmecken und extra dazureichen.

Tipps: *Statt Hähnchenbrustfilet kann auch Putenbrustfilet genommen werden. Nach Belieben die Hähnchenbrustfiletscheiben mit Oliven und Petersilie garnieren. Es ist gut vorzubereiten.*

(Fortsetzung Seite 26)

(Fortsetzung von Seite 24)

Zutaten

200 g frische Aprikosen
150 g Erdbeeren
100 g Mascarpone
1 EL Zitronensaft
1 TL Balsamico-Essig
Salz
frisch gemahlener Pfeffer
8 Scheiben (etwa 200 g) Hähnchenbrustaufschnitt

Zubereitungszeit:
15 Minuten

Geflügelröllchen mit Obst

8 Stück

1 Aprikosen waschen, trockentupfen, halbieren und entsteinen. Erdbeeren waschen, gut abtropfen lassen und entstielen. Beide Zutaten in kleine Würfel schneiden.

2 Mascarpone mit Zitronensaft und Essig verrühren. Das Obst darunterheben und mit Salz und Pfeffer abschmecken.

3 Das Obst auf dem Hähnchenaufschnitt verteilen und aufrollen.

Tipp: *Statt frischer Aprikosen können auch gut abgetropfte Dosenfrüchte (Aprikosen oder Pfirsiche) genommen werden.*

Zutaten

125 g geräucherter Putenfleischaufschnitt (in Scheiben)
100 g Honigmelone (ohne Schale)
50 g Chicoréeblätter
3–4 Datteln
1 geh. EL Rosinen

Für die Salatsauce:
1 EL Crème fraîche
1–2 EL Zitronensaft
1 TL Currypulver
1 Msp. gemahlener Zimt
Salz
frisch gemahlener Pfeffer
1 Prise Zucker

1 EL gehackte Minze
einige Chicoréeblätterspitzen
16 Croustades oder herzhafte Mini-Tortelettes

Zubereitungszeit:
40 Minuten

Geflügelsalat-Häppchen

16 Stück

1 Putenaufschnitt in feine Streifen schneiden. Honigmelone in Stücke schneiden. Chicoréeblätter putzen, waschen, trockentupfen und in Streifen schneiden. Datteln und Rosinen in kleine Würfel schneiden.

2 Für die Salatsauce Crème fraîche mit Zitronensaft, Curry, Zimt, Salz, Pfeffer und Zucker verrühren.

3 Die Salatzutaten mit der Salatsauce vermischen und abschmecken. Minze hinzugeben.

4 Die Croustades oder Mini-Tortelettes mit den Chicoréespitzen auslegen und den Geflügelsalat darauf verteilen.

Hähnchenbrustfiletplatte

4–6 Portionen

Hähnchenbrustfilet im Kräutermantel

1 Hähnchenbrustfilets unter fließendem kalten Wasser abspülen und trockentupfen. Kräuter mit Senf, Öl und Semmelbröseln mischen, mit Salz und Pfeffer abschmecken.

2 Die Filets erst von einer Seite damit bestreichen, mit der bestrichenen Seite in die Pfanne mit etwas Öl legen und etwa 5 Minuten bei schwacher Hitze braten. Die andere Seite bestreichen, wenden und noch 10 Minuten garen. Die Filets erkalten lassen.

3 Speiseöl mit Traubenkernöl und Essig verrühren, mit Salz und Pfeffer abschmecken. Wirsingblätter damit beträufeln und auf die Filets legen.

4 Gorgonzola in Streifen schneiden, zusammen mit den Tomatenecken dekorativ auf den Filets anordnen.

Zutaten

4 Hähnchenbrustfilets (à 125 g)
6 EL gehackte Kräuter, z. B. Petersilie, Majoran, Salbei, Zitronenmelisse, Rosmarin
1 geh. EL Dijon-Senf
4 EL Olivenöl
20 g Semmelbrösel
Salz
frisch gemahlener Pfeffer
2 EL Olivenöl
1 EL Speiseöl
1 EL Traubenkernöl
2 TL Essig
4 blanchierte Wirsingblätter
40 g Gorgonzola
Tomatenecken

Zubereitungszeit:
30 Minuten, ohne Abkühlzeit

Hähnchenbrustfilet mit Mango-Chutney

1 Hähnchenbrustfilets unter fließendem kalten Wasser abspülen, trockentupfen, von allen Seiten mit Öl bestreichen.

2 Mit gemahlenem Reisgebäck panieren und in Butter etwa 12 Minuten bei schwacher Hitze braten, erkalten lassen.

3 Für den Mango-Chutney-Käse Frischkäse mit Mango-Chutney verrühren, mit Zitronensaft abschmecken.

4 Mangospalten auf die Filets legen, die Käsecreme mit einem Spritzbeutel daraufspritzen, mit Reisgebäck dekorieren.

Zutaten

4 Hähnchenbrustfilets (à 125 g)
4 EL Speiseöl
60 g gemahlenes Reisgebäck (Crunchys)
3 EL zerlassene Butter

Für den Mango-Chutney-Käse:
125 g Frischkäse
2 EL püriertes Mango-Chutney
2 TL Zitronensaft

1 Mango, in dünne Spalten geschnitten
Reisgebäck

Zubereitungszeit:
40 Minuten, ohne Abkühlzeit

Fischplatten

Fischplatte

6 Portionen

Zutaten
1 Makrele
100 ml Weißwein
Salz
frisch gemahlener Pfeffer
1 Lorbeerblatt
2 große Knoblauchzehen
1 rote Zwiebel
3 EL Olivenöl
Römersalatblätter zum Anrichten

Zubereitungszeit:
35 Minuten, ohne Durchziehzeit

Marinierte Makrele

6 Stück

1 Makrele filetieren. Weißwein mit Salz, Pfeffer und Lorbeerblatt aufkochen, die Makrelen etwa 3 Minuten darin andünsten.

2 Die Fischfilets aus dem Sud nehmen und auf eine tiefe Platte legen.

3 Knoblauch und Zwiebel abziehen und beides in Scheiben schneiden. Die Scheiben einmal kurz in dem Fischsud aufkochen lassen und dann den Topf von der Kochstelle nehmen.

4 Olivenöl, Salz und Pfeffer in den Sud rühren und die Makrelenfilets damit übergießen. Den Fisch kühlgestellt etwa 1 Tag durchziehen lassen, zwischendurch einmal wenden.

5 Die Filets in jeweils 3 Teile schneiden und auf gewaschenen und trockengetupften Römersalatblättern anrichten. Etwas Sud darüberträufeln.

Tipps:

Evtl. den Fisch beim Fischhändler filetieren lassen. Statt der Makrele können auch große Sardinenfilets genommen werden.

(Fortsetzung Seite 30)

(Fortsetzung von Seite 28)

Garnierte Surimistäbchen
24 Stück

Zutaten

12 (150 g) TK-Surimistäbchen (Fischfleisch im Krabbenmantel)
1 kleine Avocado (etwa 150 g)
etwas Zitronensaft
Salz
frisch gemahlener Pfeffer
1 Schalotte
1 Knoblauchzehe
1 rote Chilischote
1 EL gehackte Petersilie
nach Belieben einige Petersilienblättchen

Zubereitungszeit:
20 Minuten

1 Surimistäbchen nach Packungsanleitung auftauen lassen.

2 Avocado halbieren, entsteinen, das Fruchtfleisch aushöhlen und mit einer Gabel zerdrücken. Mit Zitronensaft, Salz und Pfeffer abschmecken.

3 Schalotte und Knoblauch abziehen und in feine Würfel schneiden. Chilischote halbieren, entkernen und in sehr kleine Würfel schneiden und unter das Fruchtfleisch rühren.

4 Die aufgetauten Surimistäbchen halbieren, auf jedes Stück etwas Avocoadocreme spritzen und nach Belieben mit Petersilie garnieren.

Orangen-Lachs
4 Portionen

Zutaten

Für die Beize:
1 Bund Dill
½ TL Zucker
1 EL grobes Meersalz
1 TL rosa Pfefferbeeren
frisch gemahlener Pfeffer

etwa 300 g Lachsfilet

Für die Marinade:
125 ml (⅛ l) Weißwein, z. B. Riesling
abgeriebene Schale von ½ Orange (unbehandelt)
4 EL Orangensaft

einige Orangenfilets

Zubereitungszeit:
20 Minuten, ohne Durchziehzeit

1 Für die Beize Dill abspülen, trockentupfen und kleinschneiden. Dill mit Zucker, Salz, Pfefferbeeren und Pfeffer vermischen und die Beize auf dem Lachs verteilen, gut andrücken und mit der belegten Seite in eine Schale legen.

2 Für die Marinade Wein, Orangenschale und -saft verrühren und die Marinade auf dem Lachs verteilen. Den Lachs mit Frischhaltefolie zudecken und das Ganze mit einem Brett und Konservendosen beschweren. Den Lachs kühlgestellt 1–2 Tage durchziehen lassen.

3 Den Lachs aus der Marinade nehmen, in dünne Scheiben schneiden und mit Orangenfilets anrichten.

Tipp: *Nach Belieben den Lachs nur zur Hälfte aufschneiden, den Rest zurück in die Marinade legen, dann kann der Fisch kühlgestellt noch mindestens 2 Tage aufbewahrt werden.*

Rote Matjesfilets

8 Stück

1 Rote Bete schälen, waschen und in 8 dünne Scheiben schneiden. Etwas Butter im Topf zerlassen, Rote-Bete-Scheiben zusammen mit Zitronensaft, Wasser, Essig, Salz und Zucker hinzufügen und die Rote Bete etwa 15 Minuten dünsten.

2 Äpfel schälen, das Kerngehäuse mit einem Apfelausstecher entfernen, die Äpfel in 8 Scheiben schneiden und die letzten 5 Minuten zu den Rote-Bete-Scheiben geben und mitdünsten. Dann abkühlen lassen.

3 Matjesfilets in eine flache Schale legen, die Rote Bete und Apfelscheiben mit dem Saft darauf verteilen. Den Fisch zugedeckt und kühlgestellt 1 Tag durchziehen lassen, zwischendurch einmal wenden.

4 Zum Anrichten erst eine Scheibe Rote Bete, dann eine Apfelscheibe und zum Schluss ein halbiertes Matjesfilet aufeinander legen. Die Matjesfilets nach Belieben mit Dillzweigen und Zitronenschale garnieren.

Zutaten

1 Rote Bete (250 g)
½ EL Butter
4 EL Zitronensaft
3 EL Wasser
2 EL Weißweinessig
1 Prise Salz
1 Prise Zucker
2 Äpfel
4 Matjesfilets

Zum Garnieren:
einige Dillzweige
Zitronenschale

Zubereitungszeit:
30 Minuten, ohne Durchziehzeit

Matjesfilets mit Preiselbeersahne

(Titelfoto)

1 Sahne mit Sahnesteif steif schlagen, gut die Hälfte der Preiselbeerkonfitüre und Zitronensaft vorsichtig unterrühren.

2 Sahne in einen Spritzbeutel mit gezackter Tülle füllen und auf die Brottaler je einen Kreis spritzen.

3 Matjesfilets der Länge nach halbieren, aufrollen und in die Sahne setzen. In die Fischröllchen die restliche Preiselbeerkonfitüre verteilen und nach Belieben mit Dillzweigen garnieren.

Zutaten

125 ml (⅛ l) Schlagsahne
½ Pck. Sahnesteif
gut 2 EL Preiselbeerkonfitüre
1 TL Zitronensaft
12 Pumpernickeltaler
6 junge, kleine Matjesfilets
einige Dillzweige

Zubereitungszeit:
20 Minuten

Räucherfischplatte

6 Portionen

Zutaten
4 geräucherte Makrelenfilets
2 rote Zwiebeln

Zubereitungszeit:
5 Minuten

Makrelenfilets mit Zwiebelringen

4 Stück

1 Makrelenfilets auf eine Platte legen.

2 Zwiebeln abziehen und in Ringe schneiden, den Fisch damit garnieren.

Zutaten
2 grüne, längliche Paprika
2 EL Schmand
2 TL Ajvar (fertig gekauftes Paprikamus)
1 TL Zitronensaft
etwa 150 g Schillerlocken

Zubereitungszeit:
20 Minuten

Schillerlocken auf Paprika-Schmand

8 Stück

1 Paprika vierteln, entstielen, entkernen, die weißen Scheidewände entfernen, Schoten waschen und trockentupfen.

2 Schmand mit Ajvar und Zitronensaft verrühren, mit Salz und Pfeffer abschmecken, in die Paprika füllen und mit den in Scheiben geschnittenen Schillerlocken belegen.

Tipp: *Nach Belieben mit Schnittlauchröllchen und grob zerstoßenem, buntem Pfeffer garnieren.*

Zutaten
100 g geräucherte Lachsscheiben
1 Limone (unbehandelt)
einige Dillzweige

Zubereitungszeit:
5 Minuten

Lachs mit Limonenstreifen

4 Portionen

1 Lachs locker auf der Fischplatte anordnen.

2 Limone gut waschen und in dünne Scheiben schneiden. Den Lachs mit Limonenscheiben und Dillzweigen garnieren.

(Fortsetzung Seite 34)

(Fortsetzung von Seite 32)

Kieler Sprotten

12 Stück

Zutaten
½ Stange Porree (Lauch)
12 Kieler Sprotten

Zubereitungszeit:
15 Minuten

1 Porree gut waschen, in Salzwasser kurz blanchieren, dann in Eiswasser tauchen und trockentupfen.

2 Jeweils 3–4 Kieler Sprotten mit Porreestreifen zusammenbinden.

Aufgerollter Aal

4 Stück

Zutaten
etwa 300 g geräucherter Aal
1 Zitrone (unbehandelt)

Zubereitungszeit:
15 Minuten

1 Aal in 4–5 cm große Stücke schneiden und auf einer Seite die Haut einrollen.

2 Zitrone in dünne Scheiben schneiden, halbieren und in die Aalhaut stecken.

Forellenfilet mit Sahnemeerrettich

12 Stück

Zutaten
4 geräucherte Forellenfilets
150 ml steifgeschlagene Schlagsahne
3 TL Meerrettich (aus dem Glas oder aus der Tube)
etwas Zitronensaft
Salz
frisch gemahlener Pfeffer
1 Prise Zucker
12 Scheiben Salatgurke
Kerbel- oder Dillzweige

Zubereitungszeit:
20 Minuten

1 Forellenfilets evtl. enthäuten und entgräten. Jedes Filet in 3 Stücke schneiden.

2 Sahne mit Meerrettich verrühren mit Zitronensaft, Salz, Pfeffer und Zucker abschmecken und in einen Spritzbeutel füllen.

3 Die Gurkenscheiben auf die Forellenstücke legen, den Sahnemeerrettich darauf spritzen und mit Kerbel- oder Dillzweigen garnieren.

Makrelenfilets mit Pfeffer (ohne Foto)

4 Stück

1 Makrelenfilets halbieren. Meerrettich mit Crème double, Pesto, Salz und Pfeffer verrühren.

2 Die Creme in einen Spritzbeutel mit Sterntülle füllen und die Makrelenstücke damit betupfen.

3 Die Fischhäppchen mit Paprikarauten und Basilikumblättern garnieren.

Zutaten

2 geräucherte Makrelenfilets
1 TL Meerrettich aus der Tube
3 EL Crème double
1 EL Pesto (Fertigprodukt aus dem Glas)
Salz
frisch gemahlener Pfeffer
Paprikarauten
Basilikumblätter

Zubereitungszeit:
15 Minuten

Exotischer Heilbutt (ohne Foto)

18 Stück

1 Heilbutt vorsichtig halbieren, entgräten und enthäuten. Den Fisch in 18 Stücke schneiden.

2 Chinakohlblätter waschen, trockentupfen und in 18 etwa 3 cm breite Streifen schneiden. Den Salat auf einer Platte wieder in der Form eines Salatblattes zusammenlegen. Jeweils ein Heilbuttstück auf ein Salatblatt legen.

3 Mango schälen, in Spalten vom Kern schneiden und die Spalten in kleine Würfel schneiden. Limone schälen, achteln, in feine Streifen schneiden, mit den Mangowürfeln, Schnittknoblauch und Koriander verrühren.

4 Die Mangomasse mit Sojasauce, Salz und Pfeffer abschmecken und auf den Heilbuttstücken verteilen. Nach Belieben mit Schnittknoblauchhalmen und Mangospalten garnieren.

Tipp: *Statt frischer Mango können auch Mangospalten aus der Dose genommen werden.*

Zutaten

2 Stück (etwa 400 g) geräucherter Heilbutt
2–3 große Chinakohlblätter
1 Mango
1 Limone
1 EL gehackte Schnittknoblauchhalme (im Asialaden erhältlich)
1 EL gehackte Korianderblätter
einige Tropfen Sojasauce
Salz
frisch gemahlener Pfeffer

Zubereitungszeit:
25 Minuten

Feine Fischplatte

4–6 Portionen

Zutaten

500 g geräucherter Aal
150 g Rettich
2 kleine rote Zwiebeln
125 g Meerrettich-Frischkäse
Schnittlauchröllchen

Zubereitungszeit:
20 Minuten

Aalspieße

16 Stück

1 Aal filetieren, entgräten, enthäuten und in mundgerechte Stücke schneiden.

2 Rettich putzen, waschen, in sehr dünne Scheiben schneiden. Zwiebeln abziehen und in Ringe schneiden.

3 Die Zutaten auf Holzspießchen stecken, mit je einem Tupfer Meerrettich-Frischkäse und Schnittlauchröllchen garnieren.

Zutaten

300 g frische, dünne Lachsscheiben
Salz
frisch gemahlener Pfeffer
150 g Spinatblätter
400 ml Fischfond oder -brühe
125 ml (⅛ l) Weißwein
16 gekochte Riesengarnelen (ohne Schale)
3 EL Olivenöl
2 EL Weißweinessig
1 Prise Zucker
1 EL gehackte Kräuter, z. B. Zitronenmelisse, Majoran, Basilikum, Estragon, Thymian

Zubereitungszeit:
20 Minuten, ohne Abkühlzeit

Lachsspieße

4 Portionen

1 Lachsscheiben mit Salz und Pfeffer bestreuen. Spinatblätter waschen, trockentupfen, die dicken Stiele entfernen, mit je 1 Lachsscheibe belegen, aufrollen und jeweils mit einem Holzspieß zusammenstecken.

2 Fischfond oder -brühe und Weißwein zum Kochen bringen, die Lachsspieße hineingeben, etwa 3–5 Minuten darin ziehen lassen (nicht mehr kochen lassen), zwischendurch wenden. Die Lachsspieße in dem Sud erkalten lassen.

3 Riesengarnelen darauf stecken. Öl mit Salz, Pfeffer, Weißweinessig, Zucker und Kräutern vermengen. Die Spieße mit der Marinade beträufeln.

(Fortsetzung Seite 38)

(Fortsetzung von Seite 36)

Fruchtige Forellenfilets

8 Stück

Zutaten
4 geräucherte Forellenfilets (à 100 g)
150 g steifgeschlagene Sahne
3 TL Meerrettich
stückige Pflaumenkonfitüre
Pflaumenspalten
Orangen- und Limonenfilets
abgeriebener Schale von 1 Orange und 1 Limone (jeweils unbehandelt)
Orangensaft

Zubereitungszeit:
25 Minuten

1 Forellenfilets enthäuten, in mundgerechte Stücke schneiden, dabei die Gräten entfernen.

2 Sahne mit Meerrettich verrühren und in einen Spritzbeutel mit Sterntülle füllen. Tuffs auf die Forellenstücke spritzen, nach Belieben mit Pflaumenkonfitüre oder Pflaumenspalten oder Orangen- und Limonenfilets, Orangen- und Limonenschale garnieren und mit Orangensaft beträufeln.

Tipp: *Sie können auch geräucherten Lachs, Lachsforelle oder Saibling auf diese Weise anrichten.*

Matjesfilets mit Avocado

16 Stück

Zutaten
4 Matjesfilets (400 g)
2 kleine Äpfel (250 g)
1 Avocado
2 EL Zitronensaft
1 geh. EL Preiselbeeren (aus dem Glas)

Zubereitungszeit:
20 Minuten

1 Matjesfilets in 16 mundgerechte Stücke schneiden, dabei die Gräten entfernen. Äpfel waschen, vierteln, entkernen und in dünne Scheiben schneiden. Avocado halbieren, den Kern herauslösen, schälen und das Fruchtfleisch in dünne Spalten schneiden.

2 Apfel- und Avocadospalten mit Zitronensaft beträufeln. Beides mit den Matjesstücken auf Holzspieße stecken und mit Preiselbeeren garnieren.

Fisch-Carpaccio (Foto)

3–4 Portionen

Zutaten
200 g frischer Lachs
200 g frischer Heilbutt (ohne Haut und Gräten)
grobes Salz, Pfeffer
Saft von 1 Limone oder Zitrone
2 EL Olivenöl
1 EL Crème fraîche
2 EL saure Sahne
50 g Kaviar
feingeschnittene Salatblätter

Zubereitungszeit:
30 Minuten, ohne Gefrierzeiten

1 Lachs und Heilbutt kalt abspülen, trockentupfen und für 2 Stunden ins Gefrierfach legen.

2 Schräg in sehr dünne Scheiben schneiden. Jeweils eine Scheibe Lachs und Heilbutt aufeinanderlegen, zu Röllchen formen, im Gefrierschrank leicht anfrieren lassen.

3 Röllchen in Scheiben schneiden, auf gut gekühlten Portionstellern anrichten. Salz und Pfeffer darüberstreuen, mit Limonensaft und Olivenöl beträufeln. Crème fraîche mit saurer Sahne verrühren, Kaviar daruntermischen und einen Löffel Kaviarsahne auf die Mitte jeder Portion Fisch geben. Mit Salatblättern garnieren.

Marinierter Fisch

4 Portionen

Aal mit grünem Pfeffer

8 Stück

Zutaten

- 4 Stück (300 g) geräucherter Aal
- 3 EL Walnussöl
- 2 EL Zitronensaft
- 2 EL leicht zerstoßener grüner Pfeffer (eingelegt)
- 1 Prise Zucker
- 1–2 Äpfel mit roter Schale
- 1 EL Zitronensaft
- 150 g Möhren
- 2 EL geriebenes Schwarzbrot

Zubereitungszeit:
20 Minuten

1 Aal filetieren, enthäuten und längs halbieren. Walnussöl mit Zitronensaft, Pfeffer und Zucker verrühren, auf den Aalstücken verteilen.

2 Äpfel waschen, vierteln, entkernen, in Spalten schneiden, mit Zitronensaft beträufeln. Möhren putzen, schälen, waschen, in Stifte schneiden. Apfelspalten und Möhrenstifte auf dem Fisch verteilen, geriebenes Schwarzbrot darauf streuen. In 8 Portionsstücke schneiden.

Rosa Forellenfilets

12 Stück

Zutaten

- 4 geräucherte Forellenfilets (à 100 g)
- 3 EL Himbeeressig
- Salz, Pfeffer
- Zucker, 4 EL Walnussöl
- 3 geh. TL leicht zerstoßene, rosa Pfefferbeeren
- Estragonblätter

Zubereitungszeit:
20 Minuten, ohne Durchziehzeit

1 Forellenfilets enthäuten und falls nötig entgräten.

2 Himbeeressig mit Salz, Pfeffer, Zucker, Walnussöl und Pfefferbeeren verrühren, auf das Filet geben, mit Estragonblättern verzieren und über Nacht durchziehen lassen. In je 3 Portionsstücke schneiden.

Spanisches Makrelenfilet

12 Stück

Zutaten

- 2 TL Kapern
- 2 Frühlingszwiebeln (120 g)
- 1 EL Basilikumstreifen
- 1 EL Dijon-Senf
- 4 geräucherte, enthäutete Makrelenfilets (à 100 g)
- 2 hartgekochte Eier
- blanchiertes Frühlingszwiebelgrün

Zubereitungszeit:
20 Minuten

1 Kapern grob hacken. Frühlingszwiebeln putzen, waschen und in sehr feine Ringe schneiden.

2 Basilikumblätter waschen und in feine Streifen schneiden. Die vorbereiteten Zutaten mit Senf verrühren und auf den Filets verteilen.

3 Eier pellen, in Scheiben schneiden und auf die Creme legen. Das Filet mit blanchierten Frühlingszwiebelstangen umwickeln. In je 3 Portionsstücke schneiden.

Gemüse- und Brotplatten

Paprika und Avocado mit Frischkäse gefüllt

32 Stück

Zutaten
400 g Doppelrahm-Frischkäse
Salz
frisch gemahlener Pfeffer
Paprika edelsüß
1 EL gehackter Dill
1 TL gehackte Kapern
je 2 rote und grüne Paprikaschoten
2 Avocados
1 EL Zitronensaft
einige Dillzweige
einige Kapern
etwas Kresse

Zubereitungszeit:
etwa 40 Minuten

1 Frischkäse in eine Schüssel geben, mit Salz, Pfeffer, Paprika, Dill und Kapern zu einer geschmeidigen, spritzfähigen Masse rühren.

2 Paprika vierteln, entstielen, entkernen, die weißen Scheidewände entfernen, Schoten waschen und in Rauten schneiden. Reste zum Garnieren in feine Würfel schneiden.

3 Avocados halbieren, vom Stein lösen, schälen, Avocados in kleine Stücke schneiden und mit Zitronensaft beträufeln.

4 Die Paprikarauten und Avocadostücke mit je einem Käseklecks versehen.

5 Die Paprikarauten mit Paprikawürfeln und Dill garnieren, die Avocadostücke mit Kapern und Kresse garnieren.

Tipp: *Mit frischen Kräutern z. B. Dill, Schnittlauch, Kerbel oder Petersilie verzieren. Zum Bestreuen rosa Pfefferbeeren oder Kümmelsamen verwenden.*

Gefülltes Gemüse

8–10 Portionen

Zutaten

8 Seezungenfilets (à 80 g)
Salz
frisch gemahlener Pfeffer
16 gewaschene Dillzweige
400 ml Fischfond oder -brühe
125 ml (⅛ l) Weißwein
4 kleine Fenchelknollen (à 250 g)
75 g gewaschene Feldsalatblätter
2 Orangen (unbehandelt), in dünne Scheiben geschnitten

Für die Marinade:
3 EL Orangensaft
1 EL Zitronensaft
1 EL Honig
4 EL Distelöl
Salz
frisch gemahlener Pfeffer
Paprika edelsüß

Zubereitungszeit:
50 Minuten, ohne Abkühlzeit

Fenchel, mit Seezunge gefüllt

8 Stück

1 Seezungenfilets unter fließendem kalten Wasser abspülen, trockentupfen, mit Salz und Pfeffer bestreuen, mit je 2 Dillzweigen belegen, aufrollen und mit einem Holzspieß zusammenstecken.

2 Fischfond oder -brühe und Wein aufkochen, Seezungenröllchen hineinlegen und 5 Minuten bei schwacher Hitze ziehen lassen, dann erkalten lassen.

3 Fenchelknollen putzen, die Stiele dicht oberhalb der Knollen abschneiden, braune Stellen und Blätter entfernen. Fenchel halbieren, waschen, 8 Fenchelschalen und das zarte Grün beiseite legen. Die inneren Schichten der Knolle in feine Streifen schneiden.

4 Fenchelschalen jeweils mit einigen Feldsalatblättern, Orangenscheiben und den Fenchelstreifen auslegen.

5 Für die Marinade Orangensaft mit Zitronensaft, Honig und Distelöl verrühren, mit Salz und Pfeffer abschmecken, Fenchelgrün hinzugeben und auf die Fenchelschalen verteilen.

6 Seezungenfilet in Scheiben schneiden, darauflegen und mit Paprika bestäuben.

(Fortsetzung Seite 46)

(Fortsetzung von Seite 44)

Grüner Spargelstrauß
8 Stück

Zutaten
800 g grüner Spargel
375 ml (3/8 l) Wasser
Salz
1 Prise Zucker
20 g Butter
gewaschene Römersalat-blätter
5 EL Olivenöl
2 EL Zitronensaft
Salz
frisch gemahlener Pfeffer
1 Prise Zucker
2–3 hartgekochte Eier
Zitronenschalespiralen

Zubereitungszeit:
30 Minuten, ohne Abkühlzeit

1 Vom Spargel das untere Drittel schälen, die unteren Enden gerade schneiden, den Spargel evtl. in Stücke schneiden.

2 Wasser mit Salz, Zucker und Butter in einem Topf zum Kochen bringen, den Spargel hineingeben, in 10 Minuten garen, herausnehmen und erkalten lassen.

3 Jeweils 3 Stangen auf Römersalatblättern anrichten.

4 Olivenöl mit Zitronensaft, Salz, Pfeffer und Zucker verrühren, den Spargel damit beträufeln.

5 Eier pellen, in kleine Würfel schneiden, den Spargel damit bestreuen. Den Salat mit Zitronenschalespiralen garnieren.

Radicchio mit Spaghetti und Pfannkuchenröllchen
12–16 Stück

Zutaten
1 Radicchiokopf (etwa 250 g)
200 g Spaghetti
150 g Salami
5 EL Olivenöl
2 EL Weißweinessig
Salz
frisch gemahlener Pfeffer
1 Knoblauchzehe
Für die Pfannkuchenröllchen:
75 g Weizenmehl
2 Eier
100 ml Mineralwasser
Salz
frisch gemahlener Pfeffer
2 EL Schnittlauchröllchen
4–5 EL Speiseöl

Zubereitungszeit:
45 Minuten, ohne Abkühlzeit

1 Radicchiokopf in einzelne Blätter zerteilen, waschen, trockentupfen, die kleinen Salatblätter in dünne Streifen schneiden, 12–16 größere Salatblätter zurückbehalten.

2 Spaghetti in reichlich Salzwasser nach Packungsanleitung garen, abschrecken, abtropfen und erkalten lassen, dann etwas zerkleinern.

3 Salami in dünne Scheiben oder Streifen schneiden, mit Spaghetti und Salatstreifen vermischen.

4 Öl mit Essig verrühren, mit Salz und Pfeffer würzen. Knoblauch abziehen, in kleine Würfel schneiden und in die Marinade geben.

5 Die Salatmarinade mit den Salatzutaten vermengen und in die größeren Salatblätter füllen.

6 Für die Pfannkuchenröllchen Mehl, Eier, Mineralwasser, Salz, Pfeffer und Schnittlauchröllchen zu einem glatten Teig verrühren. Öl erhitzen und kleine Pfannkuchen backen.

7 Die Pfannkuchen zusammenrollen, die Röllchen in dünne Scheiben schneiden und dekorativ auf dem Salat verteilen.

Tipp: *Statt Spaghetti können auch die dünneren Spaghettini genommen werden. Meist sind sie in Feinkostläden zu bekommen.*

Spinat mit Lachs

4 Portionen

1 Lachsfilet unter fließendem kalten Wasser abspülen, trockentupfen mit Salz und Pfeffer bestreuen.

2 Fischfond oder -brühe mit Wein zum Kochen bringen, Fischfilet hineingeben und etwa 6 Minuten ziehen lassen, zwischendurch wenden, erkalten lassen und in Stücke zerteilen.

3 Spinatblätter sorgfältig verlesen, waschen und abtropfen lassen, bis auf einige Blätter in dünne Streifen schneiden.

4 Von den Radieschen und dem Rettich das Grün entfernen und das Gemüse waschen. Radieschen in Scheiben schneiden, Rettich in Stifte schneiden.

5 Mungobohnenkeimlinge mit den anderen Gemüsen und den Lachsstücken mischen. Sesamöl mit Weißweinessig verrühren, mit Salz, Zucker und Pfeffer abschmecken.

6 Den Salat vorsichtig damit vermengen und auf Spinatblättern mit gerösteten Pinienkernen und Sesamsamen anrichten.

Zutaten
300 g Lachsfilet
Salz
frisch gemahlener Pfeffer
250 ml (¼ l) Fischfond oder -brühe
125 ml (⅛ l) Weißwein
200 g Spinatblätter
1 Bund (etwa 10) Radieschen
150 g Rettich
100 g Mungobohnenkeimlinge
5 EL Sesamöl
3 EL Weißweinessig
1 Prise Zucker
geröstete Pinienkerne
Sesamsamen

Zubereitungszeit:
40 Minuten, ohne Abkühlzeit

Gefüllte Champignons
8 Stück

Zutaten
8 große Champignons (à 60 g)
6 EL Olivenöl
3 EL Weißweinessig
Salz
1 Prise Zucker
frisch gemahlener Pfeffer
150 g gewaschene Raukeblätter
gehobelter Parmesan

Zubereitungszeit:
20 Minuten

1 Champignons putzen, mit Küchenpapier abreiben, evtl. abspülen, entstielen. Stiele in kleine Würfel schneiden.

2 Öl, Essig, Salz, Zucker und Pfeffer zu einer Marinade verrühren, Champignons etwas aushöhlen und mit etwas Marinade marinieren.

3 Champignons mit einigen Raukeblättern auslegen. Die restlichen Raukeblätter in dünne Streifen schneiden, mit den Champignonwürfeln und dem Rest der Marinade vermischen, Champignons damit füllen und mit Parmesan garnieren.

Gefüllte Rote Bete
4 Stück

Zutaten
4 Rote Bete (à 200 g)
1 kleine Baby-Ananas (450 g)
100 g abgetropftes Sauerkraut
5 EL Sonnenblumenöl
4 EL Ananassaft
Salz
frisch gemahlener Pfeffer
1 TL Honig
Baby-Ananasscheiben

Zubereitungszeit:
55 Minuten, ohne Abkühlzeit

1 Rote Bete in Salzwasser etwa 35 Minuten gar kochen und erkalten lassen, schälen, einen Deckel abschneiden und bis auf einen ½ cm dicken Rand aushöhlen. Das ausgehöhlte Gemüse in dünne Stifte schneiden.

2 Baby-Ananas schälen, in kleine Stücke schneiden (dabei den Saft auffangen. Falls keine 4 Esslöffel Ananassaft zusammenkommen, mit Zitronen- oder Orangensaft auffüllen).

3 Rote-Bete-Stifte und Ananasstücke mit Sauerkraut vermengen.

4 Öl mit Ananassaft, Salz, Pfeffer und Honig verrühren, mit dem Gemüse vermengen, in die Rote Bete füllen, mit dem Rote-Bete-Deckel und Baby-Ananas-Scheiben garnieren.

(Fortsetzung Seite 50)

(Fortsetzung von Seite 48)

Gefüllte Kohlrabi
4 Stück

Zutaten
4 kleine Kohlrabi (à 300 g)
750 ml (¾ l) Gemüsebrühe
150 g Zuckerschoten
200 g Möhren
40 g Butter
etwas Wasser
Salz
1 Prise Zucker
1 Becher (125 g) Crème double
½ TL Senf
frisch gemahlener Pfeffer
2 TL Zitronensaft
½ TL Currypulver
2 EL gehackte Kräuter, z. B. Petersilie, Kerbel
frische, grob gehobelte Kokosnuss

Zubereitungszeit:
45 Minuten, ohne Abkühlzeit

1 Kohlrabi schälen, waschen und jeweils einen Deckel abschneiden.

2 Brühe zum Kochen bringen, die Kohlrabi mit den Deckeln hineingeben, etwa 15 Minuten kochen lassen, herausnehmen und erkalten lassen.

3 Die Kohlrabi bis auf einen ½ cm dicken Rand aushöhlen, das Innere in Streifen schneiden.

4 Von den Zuckerschoten die Enden abschneiden, die Schoten evtl. abfädeln und waschen. Möhren putzen, schälen, waschen und in Stifte schneiden.

5 Butter zerlassen, Zuckerschoten und Möhren darin andünsten, evtl. etwas Wasser dazugießen, mit Salz und Zucker abschmecken, mit den Kohlrabistreifen mischen und erkalten lassen.

6 Crème double mit Senf, Pfeffer, Zitronensaft, Curry und Kräutern verrühren, mit dem Gemüse vorsichtig vermengen, den Salat in die Kohlrabi füllen.

7 Mit Kokosnuss bestreuen und die Deckel aufsetzen.

Gefüllte Paprika
4 Stück

Zutaten
4 kleine Paprikaschoten (à 150 g)
2 kleine Zwiebeln
300 g Salatgurke
250 g kleine Tomaten
12 g schwarze Oliven
6 EL Olivenöl
3 EL Kräuteressig
Salz
frisch gemahlener Pfeffer
1 Prise Zucker
2 EL Petersilienblätter
2 Knoblauchzehen

Zubereitungszeit:
30 Minuten

1 Von den Paprikaschoten einen Deckel (etwa ⅓ der Schote) abschneiden, die weißen Scheidewände entfernen, entkernen und nach Belieben die Stängelansätze entfernen. Die Schoten waschen und trockentupfen.

2 Vom Deckel eine 1 cm dicke Scheibe abschneiden und in Streifen schneiden. Zwiebeln abziehen und in Ringe schneiden, Salatgurke schälen und in Würfel schneiden.

3 Tomaten kurze Zeit in kochendes Wasser legen (nicht kochen lassen), in kaltem Wasser abschrecken, enthäuten, vierteln, entkernen und die Stängelansätze herausschneiden. Das Tomatenfleisch in Würfel schneiden.

4 Das kleingeschnittene Gemüse mit den schwarzen Oliven mischen, Oliven evtl. vorher entkernen.

5 Öl mit Essig, Salz, Pfeffer, Zucker und Petersilienblättern verrühren. Knoblauch abziehen, fein würfeln und unterrühren.

6 Die Sauce mit dem Gemüse vermengen, den Salat in die Paprika füllen und mit dem Deckel dekorieren.

Gefüllte Artischockenböden (ohne Foto)

8 Stück

1 Eier pellen und halbieren. Eigelb mit Butter, Crème fraîche, Sardellenfilets, Kapern und Kapernsud im Mixer pürieren. Die Masse mit Pfeffer, Muskat und Thymian würzen.

2 Artischockenböden gut abtropfen lassen, die Eiermasse in einen Spritzbeutel mit gezackter Tülle füllen und auf die Artischockenböden spritzen.

3 Die gefüllten Artischocken mit jeweils einer Olivenhälfte garnieren und auf einer Platte anrichten.

Zutaten

- 3 hartgekochte Eier
- 30 g weiche Butter
- 1 EL Crème fraîche
- 2 Sardellenfilets
- 2 TL abgetropfte Kapern
- 2 TL Kapernsud
- frisch gemahlener Pfeffer
- geriebene Muskatnuss
- ½ TL gerebelter Thymian
- 8 sauer eingelegte Artischockenböden
- 4 halbierte, grüne oder schwarze Oliven

Zubereitungszeit:
25 Minuten

Gefüllte Kartoffeln

8 Portionen

Zutaten
4 große Kartoffeln (à 200 g)
8 Radieschen
2 Frühlingszwiebeln
2 EL Schnittlauchröllchen
2 EL Weißweinessig
frisch gemahlener Pfeffer
1 Msp. Senf
1 Prise Zucker
4 EL Sonnenblumenöl
Schnittlauchhalme

Zubereitungszeit:
45 Minuten, ohne Abkühlzeit

Kartoffeln mit Gemüsefüllung

4 Stück

1 Kartoffeln waschen, in Wasser zum Kochen bringen, in 20–25 Minuten gar kochen lassen.

2 Kartoffeln abgießen, abdämpfen und erkalten lassen. Die Kartoffeln längs halbieren, eine Hälfte pellen und in dünne Scheiben schneiden.

3 Radieschen putzen, waschen und in Scheiben schneiden. Frühlingszwiebeln putzen, waschen, in Ringe schneiden, die beiden Zutaten mit Schnittlauchröllchen und Kartoffelscheiben mischen.

4 Essig mit Senf, Salz, Pfeffer und Zucker verrühren, Öl unterschlagen und mit der Kartoffel-Gemüse-Füllung verrühren.

5 Die Kartoffelhälften salzen und die Füllung hineingeben. Mit Schnittlauchhalmen garnieren.

Zutaten
4 große Kartoffeln (à 200 g)
2 Knoblauchzehen
Salz
2 EL Joghurt
100 g Crème fraîche
frisch gemahlener Pfeffer
1 Prise Zucker
1 TL Zitronensaft

Zubereitungszeit:
45 Minuten, ohne Abkühlzeit

Kartoffeln mit Crème-fraîche-Füllung

4 Stück

1 Kartoffeln waschen, in Wasser zum Kochen bringen, in 20–25 Minuten gar kochen lassen, abgießen, abdämpfen und erkalten lassen.

2 Kartoffeln der Länge nach halbieren, eine Hälfte pellen, längs halbieren und in dünne Scheiben schneiden.

3 Knoblauch abziehen, zerdrücken und mit Salz, Joghurt, Crème fraîche, Pfeffer, Zucker und Zitronensaft verrühren. Die Crème fraîche-Füllung mit den Kartoffelscheiben vermischen und auf die gesalzenen Kartoffelhälften geben.

Tipp: *Die Kartoffelhälften mit kleinen Salatgurken- und Tomatenwürfeln bestreuen.*

(Fortsetzung Seite 54)

(Fortsetzung von Seite 52)

Kartoffelsalat mit Shrimps

4 Stück

Zutaten
4 große Kartoffeln (à 200 g)
100 g Shrimps
3 EL Sonnenblumenöl
2 EL Estragonessig
1 EL gehackte Petersilie
1 EL gehackter Dill
Salz
frisch gemahlener Pfeffer
1 Becher (150 g) Crème fraîche
2 TL Tomatenmark

Zubereitungszeit:
45 Minuten, ohne Abkühlzeit

1 Kartoffeln waschen, in Wasser zum Kochen bringen, in 20–25 Minuten gar kochen lassen, abgießen, abdämpfen und erkalten lassen.

2 Jeweils eine Kartoffelhälfte pellen, längs halbieren, in dünne Scheiben schneiden. Die Kartoffelscheiben mit Shrimps, Öl, Essig, Petersilie, Dill, Salz und Pfeffer mischen. Die Mischung auf die gesalzenen Kartoffelhälften geben.

3 Crème fraîche mit Salz, Pfeffer und Tomatenmark verrühren und auf der Shrimpsfüllung verteilen.

Kartoffeln mit Speckfüllung

4 Stück

Zutaten
4 große Kartoffeln (à 200 g)
Salz
2 Zwiebeln oder Schalotten
4 dünne Scheiben durchwachsener Speck (etwa 30 g)
2 EL Speiseöl
2 EL Kräuteressig
Salz
frisch gemahlener Pfeffer
Borretschblätter

Zubereitungszeit:
45 Minuten, ohne Abkühlzeit

1 Kartoffeln waschen, in Wasser zum Kochen bringen, in 20–25 Minuten gar kochen lassen.

2 Kartoffeln abgießen, abdämpfen, erkalten lassen und der Länge nach halbieren. 4 Hälften mit Salz bestreuen, die anderen Kartoffeln pellen, längs halbieren und in dünne Scheiben schneiden.

3 Zwiebeln oder Schalotten abziehen und in Würfel schneiden. Speckscheiben längs halbieren, Speiseöl in einer Pfanne erhitzen und Schalottenwürfel und Speck darin glasig dünsten.

4 Kräuteressig, Salz und Pfeffer dazugeben, mit den Kartoffelscheiben mischen und auf die gesalzenen Kartoffelhälften geben. Mit Borretschblättern garnieren.

Rohkostplatte mit Dips

8 Portionen

1 Mangos schälen und in Spalten vom Kern schneiden. Melone in Spalten schneiden, entkernen, schälen und in Spalten schneiden.

2 Avocados halbieren, vom Stein lösen, schälen und die Avocados in Spalten schneiden. Das Fruchtfleisch sofort mit Zitronensaft beträufeln, damit es nicht braun wird. Birne waschen oder schälen, vierteln, das Kerngehäuse herausschneiden, Birne in kleinere Spalten schneiden.

3 Chicorée, Sellerie und Fenchelknolle putzen und waschen. Chicorée entblättern, den Sellerie halbieren, die Fenchelknolle in Sticks schneiden.

4 Joghurt, Crème fraîche und Quark miteinander verrühren und zu gleichen Teilen in vier Schüsseln aufteilen.

5 In jede Schüssel einen Dip-Vorschlag unterheben.

6 Die Früchte und Gemüse zusammen anrichten, die Dips dazustellen.

Zutaten

2 Mangos
1 kleine Melone
2 Avocados
etwas Zitronensaft
2 Birnen
1 Chicorée
8 Stangen Staudensellerie
1 Fenchelknolle

Für alle Dips:
300 g Joghurt
300 g Crème fraîche
500 g Magerquark

Für den Tomaten-Dip:
2 EL Tomatenketchup
2 EL Tomatenwürfel
Salz
frisch gemahlener Pfeffer

Für den Kräuter-Dip:
1 gehackter Bund Dill
1 Frühlingszwiebel in Ringen
Salz
frisch gemahlener Pfeffer
1 abgezogene, zerdrückte Knoblauchzehe

Für den Ingwer-Dip:
1 TL gehackter Ingwer
Ingwersirup
frisch gemahlener Pfeffer

Für den Curry-Dip:
1 TL Currypulver
1 TL Ingwersirup

Zubereitungszeit:
45 Minuten

Gemüseplatte mit Dips

6 Portionen

Zutaten

500 g junge Möhren
4 Paprikaschoten (rot, grün und gelb)
3 Zucchini (600 g)
500 g Staudensellerie
gewaschene Schnittlauchhalme
500 g Kohlrabi
300 g gewaschene Blattsalatblätter, z. B. Römersalat
500 g Spargel
1 gewaschene Salatgurke
3 gekochte, gehackte Eier
3 EL gehackte Kräuter
3 EL Auberginenpaste

Für die Minzesahne:
5 EL Schlagsahne
150 g Magerjoghurt
1 Zweig Pfefferminze
Salz, Pfeffer
Zitronensaft

Für den Paprika-Dip:
1 große, rote Paprikaschote
1 Knoblauchzehe
1 EL Tomatenmark
1 TL Olivenöl
gemahlener Koriander

Für den Thunfisch-Dip:
1 Dose (etwa 125 g Abtropfgewicht) Thunfischfilet im eigenen Saft
1 kleine Zwiebel
etwas Senf, 1 TL Kapern
2 EL Kräuter-Crème-fraîche
etwas Weißweinessig
Schnittlauchröllchen

Zubereitungszeit:
90 Minuten

1 Möhren, Paprika und Zucchini putzen und waschen. Möhren mit etwas Grün ganz lassen, Paprika in Streifen schneiden. Zucchini (evtl. mit einer Aufschnittmaschine) längs in dünne Scheiben schneiden und blanchieren. 1–2 Möhren ebenfalls in Streifen schneiden und blanchieren.

2 Sellerie putzen, waschen, die harten Außenfäden abziehen, in ½ cm dicke und etwa 8 cm lange Stangen schneiden, die dickeren halbieren, mit Schnittlauchhalmen umwickeln.

3 Kohlrabi schälen, waschen, in ½ cm dicke und etwa 8 cm lange Stifte schneiden, mit blanchierten Möhrenstreifen umwickeln. Salatblätter mit ⅔ der Zucchinischeiben umwickeln.

4 Spargel von oben nach unten schälen, in kochendem Salzwasser etwa 10 Minuten garen, erkalten lassen, mit den restlichen Zucchinistreifen umwickeln. Gurke in ½ cm dicke Scheiben schneiden, die Mitte ausstechen, so dass Ringe entstehen, jeweils mit etwas Ei, Kräutern und Auberginenpaste füllen.

5 Für die Minzesahne Sahne steif schlagen, unter den Joghurt heben. Pefferminze abspülen, die Blättchen abzupfen, trockentupfen, die Blättchen klein hacken, unterrühren. Die Minzesahne mit Salz, Pfeffer und Zitronensaft abschmecken.

6 Für den Paprika-Dip Paprika halbieren, entstielen, entkernen, die weißen Scheidewände entfernen, die Schote waschen, in Stücke schneiden. Knoblauch abziehen, beide Zutaten pürieren, mit Salz, Pfeffer, Tomatenmark, Öl und Koriander verrühren.

7 Für den Thunfisch-Dip Thunfisch abtropfen lassen, einige Stücke beiseite legen. Zwiebel abziehen, Thunfisch und Zwiebel mit Salz, Pfeffer, Senf, Kapern, Kräuter-Crème-fraîche und Essig im Mixer grob zerkleinern, mit den Thunfischstücken und Schnittlauchröllchen anrichten. Das Gemüse auf einer großen Platte anrichten und mit den Dips servieren.

Canapés

6 Portionen

Zutaten
100 g Edamer
25 g feingehackte Erdnuss-kerne
10 g feingehackte Walnuss-kerne
1–2 EL Salatmayonnaise
1 EL Crème fraîche
10 Pumpernickeltaler
halbierte Cocktailkirschen
Mandarinenspalten
gewaschene Salatblätter

Zubereitungszeit:
20 Minuten

Canapés mit Käse

10 Stück

1 Käse in sehr feine Würfel schneiden, mit Erdnuss- und Walnusskernen, Salatmayonnaise und Crème fraîche verrühren.

2 Die Käsemasse in einen Spritzbeutel füllen und auf Pumpernickeltaler spritzen.

3 Die Canapés mit Cocktailkirschen und Mandarinen-spalten garnieren und auf Salatblättern anrichten.

Zutaten
5 Scheiben Weizenmischbrot
40 g Butter
5 Scheiben Parmaschinken
½ kleine Ogenmelone
frisch gemahlener Pfeffer

Zubereitungszeit:
20 Minuten, ohne Abkühlzeit

Canapés mit Parmaschinken und Melone

10 Stück

1 Aus Weizenmischbrot mit einer runden Ausstechform (Durchmesser etwa 4 cm) 10 Taler ausstechen.

2 Butter in einer Pfanne zerlassen, die Brottaler von beiden Seiten darin goldbraun braten, auf Küchenpapier abtropfen und abkühlen lassen.

3 Parmaschinkenscheiben (möglichst dünn geschnitten) längs halbieren, die Scheiben etwas zusammenfalten und die Brottaler damit belegen.

4 Ogenmelone entkernen, mit einem Kartoffelausstecher 10 Kugeln aus dem Fruchtfleisch stechen, jeweils 1 Melonenkugel auf jede Schinkenscheibe legen und mit Pfeffer bestreuen.

Canapés mit Wildpastete und Preiselbeeren

10 Stück

Zutaten
5 Scheiben Weizenmischbrot
40 g Butter
etwa 80 g Wildpastete (aus der Dose)
1 TL Weinbrand
1 EL Preiselbeeren (aus dem Glas)

Zubereitungszeit:
20 Minuten, ohne Abkühlzeit

1 Aus Weizenmischbrot mit einer runden Ausstechform (Durchmesser etwa 4 cm) 10 Taler ausstechen.

2 Butter in einer Pfanne zerlassen, die Brottaler von beiden Seiten darin goldbraun braten, auf Küchenpapier geben und abkühlen lassen.

3 Wildpastete mit Weinbrand gut verrühren, die Masse kühl stellen, in einen Spritzbeutel mit gezackter Tülle füllen und auf die Brottaler spritzen.

4 Die Canapés mit Preiselbeeren garnieren.

Brotplatte

6–8 Portionen

Zutaten

- 3 Baguettebrötchen (etwa 250 g)
- 150 g Putenleberwurst
- 1 EL Zitronensaft
- 2 hartgekochte Eier
- 1 Bund (etwa 60 g) Rauke

Zubereitungszeit:
20 Minuten, ohne Kühlzeit

Gefülltes Baguette

18 Scheiben

1 Von den Baguettebrötchen jeweils die spitzen Enden abschneiden, mit einem spitzen, langen Messer etwa 2 cm dicke Löcher hineinbohren.

2 Putenleberwurst mit Zitronensaft verrühren. Eier pellen und fein hacken. Rauke putzen, waschen, trockentupfen und fein hacken. Eierwürfel und Rauke vorsichtig unter die Putenleberwurst rühren, die Masse in einen Spritzbeutel füllen und in die Baguettelöcher spritzen.

3 Die Brötchen mit Frischhaltefolie verpacken und etwa 2 Stunden im Kühlschrank durchkühlen lassen.

4 Dann die Baguettebrötchen in etwa ½ cm dicke Scheiben schneiden.

Zutaten

- 2 Roggenkörnerbrötchen (à etwa 75 g)
- 250 g fertig gekaufter Farmersalat (mit Möhren und Äpfeln)
- 2 EL gehackte Petersilie
- 50 g gemahlene Sonnenblumenkerne
- einige Schnittlauchhalme
- 2 dünne Stangen Staudensellerie

Zubereitungszeit:
20 Minuten, ohne Kühlzeit

Gefüllte Körnerbrötchen

16 Scheiben

1 Brötchen waagerecht halbieren und etwas aushöhlen. Den Salat mit Petersilie und Sonnenblumenkernen verrühren und auf die Brötchenhälften verteilen.

2 Schnittlauch verlesen, abspülen und trockentupfen. Sellerie putzen, die harten Außenfäden abziehen, waschen und trockentupfen. Beide Zutaten der Länge nach in die Mitte der beiden unteren Brötchenhälften legen. Die Brötchen wieder zusammensetzen, gut andrücken und etwa 30 Minuten kühl stellen.

3 Jedes Brötchen mit einem scharfen Messer in 8 Scheiben schneiden.

Tipp: *Das Messer nach jedem Schnitt säubern, damit beim nächsten Schnitt die Brotoberfläche sauber bleibt.*

(Fortsetzung Seite 62)

(Fortsetzung von Seite 60)

Gefülltes Fladenbrot

16 Stück

Zutaten

1 kleines, ovales Fladenbrot (etwa 120 g)

Für die Füllung:
1 Dose (100 g) Chickenspread (Huhnaufstrich, gibt es in gutsortierten Supermärkten)
75 g schwarze und grüne entsteinte, in Öl und Kräutern eingelegte Oliven
1 EL gehacktes Basilikum
Salz
frisch gemahlener Pfeffer
etwas Zitronensaft
1 kleine, grüne, türkische Paprika (etwa 50 g)

Zum Garnieren:
8 halbierte Oliven
16 Basilikumblätter

Zubereitungszeit:
20 Minuten

1 Fladenbrot waagerecht durchschneiden. Für die Füllung Chickenspread mit den in kleine Würfel gehackten Oliven und Basilikum verrühren, mit Salz, Pfeffer und Zitronensaft abschmecken. Die Füllung auf die Fladenbrothälften streichen.

2 Paprika vierteln, entstielen, entkernen, die weißen Scheidewände entfernen, Schoten waschen, trockentupfen und auf die Füllung legen. Die Brothälften aufeinanderlegen, gut andrücken und mit einem scharfen Messer in etwa 16 Stücke schneiden.

3 Das Brot mit Olivenhälften und Basilikum garnieren.

Tipp: *Das Messer nach jedem Schnitt säubern, damit beim nächsten Schnitt die Brotoberfläche sauber bleibt.*

Ruck-Zuck-Brotplatte

Puten-Käse-Baguettes

12 Scheiben

Zutaten

je ein Röstzwiebel- und Knoblauchbutter-Baguette (à 175 g, Fertigprodukt aus dem Kühlregal)
12 Scheiben Putenbraten
12 Scheiben Käse

Zum Garnieren:
3 dicke Scheiben Käse (à 100 g), z. B. Brennessel oder Paprika
Obst, z. B. Weintrauben, Johannisbeeren, Karambole
evtl. Kräuterzweige

Zubereitungszeit:
25 Minuten

1 Die Baguettes nach Packungsanleitung zubereiten und die einzelnen Brotscheiben aufschneiden.

2 Die Baguettescheiben mit je 1 Scheibe Putenbraten und Käse belegen und auf einer Platte anrichten.

3 Die Ruck-Zuck-Brotplatte nach Belieben (und möglichem Zeitaufwand) garnieren.

Tipp: *Aus etwas dickeren Käsescheiben kleine Figuren ausstechen, z. B. Schmetterlinge und Blumen.*

Fladenbrottorte

4 Portionen

Zutaten

2 Fladenbrote
200 g Kräuterbutter
4 Eier
4 EL Milch
Salz
frisch gemahlener Pfeffer
20 g Butter
8 Scheiben geräucherter Lachs
3 Zwiebeln
einige gewaschene, trockengetupfte Salatblätter, z. B. Frisée, Lollo bianco oder Eisberg
12 Cocktailtomaten
150 g Schafskäse, in Scheiben geschnitten
4 Scheiben gekochter Schinken

Zum Garnieren:
einige Schnittlauchhalme oder Kerbelblätter
Kräuterbutter

Zubereitungszeit:
45 Minuten

1 Fladenbrote einmal quer durchschneiden und die unteren Brotstücke mit Kräuterbutter bestreichen.

2 Eier mit Milch, Salz und Pfeffer verquirlen und in erhitzter Butter zu Rührei stocken lassen. Das Rührei auf einer Fladenbrotunterseite verteilen.

3 Lachsscheiben etwas zusammenrollen und die Scheiben auf dem Rührei verteilen (nach Belieben einige Stücke auch ohne Lachsbelag lassen).

4 Zwiebeln abziehen, in dünne Ringe schneiden und ein Teil davon auf dem Lachs verteilen. Die Fladenbrotoberseite in 8 Stücke schneiden und auf das belegte Fladenbrot legen, etwas andrücken.

5 Ein Teil des zweiten Fladenbrotes mit Salatblättern belegen. Cocktailtomaten waschen, und halbieren oder in Scheiben schneiden.

6 Auf die eine Hälfte des Fladenbrotes Schafskäse, auf die andere Hälfte den Schinken verteilen. Mit Tomatenscheiben und Zwiebelringen (einige zum Garnieren zurückbehalten) und Salatblättern bunt gemischt belegen. Die Fladenbrotoberseite ebenfalls in 8 Stücke schneiden und auf das belegte Fladenbrot legen. Etwas andrücken.

7 Die Fladenbrote den vorgegebenen Stücken entsprechend schneiden und die Brote auf 2 Platten tortenartig zusammensetzen.

8 Die Fladenbrottorte nach Belieben mit Tomaten, Zwiebelringen, Schnittlauchhalmen, Kerbelblättern und Kräuterbutter garnieren.

Tipps: *Es schmeckt auch sehr gut, wenn statt Rührei Frischkäse mit Kräutern unter den Lachsbelag gestrichen wird. Für eine selbst gemachte Kräuterbutter 100 g weiche Butter mit 2 Esslöffeln gemischten, gehackten Kräutern und etwas Salz verrühren. Nach Belieben mit etwas Zitronensaft oder 1 kleinen Knoblauchzehe abschmecken.*

Käseplatten

Käseplatte

4–5 Portionen

Zutaten
2 dünne Porreestangen
50 g Feta-Käse
2 EL Schmand
2 EL Schnittlauch

Zubereitungszeit:
25 Minuten

Porreeschiffchen

12 Stück

1 Porree putzen, waschen und in 5 cm lange Stücke schneiden, diese längs einschneiden, aber nur so weit, dass sie an einer Seite noch zusammenhalten. Die Porreestücke 2–3 Minuten in siedendem Salzwasser blanchieren, dann kurz in Eiswasser tauchen und gut abtropfen lassen.

2 Feta-Käse mit einer Gabel zerdrücken, dann mit Schmand und Schnittlauch (evtl. einige Schnittlauchröllchen zum Garnieren zurückbehalten) verrühren.

3 Die Käsecreme in die Einschnitte der Porreestangen verteilen und nach Belieben mit Schnittlauchröllchen bestreuen.

Tipps: *Die Porreeschiffchen mit blanchierten Porreestreifen zusammenbinden. Statt Feta-Käse kann auch Doppelrahm-Frischkäse oder Edelpilz-Käse genommen werden.*

Zutaten
2 EL gehackte Petersilie
1 EL Sesamsamen
2 EL Olivenöl
Salz
frisch gemahlener Pfeffer
1 Sesamring (etwa 200 g)
100 g Schafskäse oder Frischkäse
3 EL Schlagsahne

Zubereitungszeit:
15 Minuten

Sesamring mit Schafskäse

1 Petersilie mit Sesam, Olivenöl, Salz und Pfeffer verrühren.

2 Schafskäse mit einer Gabel zerdrücken, mit Sahne und der Petersilien-Öl-Mischung verrühren.

3 Die Käsemasse in einen Spritzbeutel mit glatter Tülle füllen und auf das Brot spritzen.

(Fortsetzung Seite 68)

(Fortsetzung von Seite 66)

Tête de moine
10 Stück

Zutaten
- 5 mittelgroße Tomaten
- einige Salatblätter
- etwa 100 g Mönchskopfkäse
- evtl. einige Kräuter zum Garnieren

Zubereitungszeit:
15 Minuten

1 Tomaten waschen, halbieren und aushöhlen. Die Tomatenhälften mit gewaschenen und gut abgetupften Salatblättern auslegen.

2 Den Käse mit einem Mönchskopfschaber (Girolle) zu Rosetten schaben (oder im Käsefachgeschäft schneiden lassen). Den Käse vorsichtig in die ausgehöhlten Tomaten füllen und nach Belieben mit Kräutern garnieren.

Käsebirnen
4 Stück

Zutaten
- 4 Birnen
- 125 ml (⅛ l) Weißwein
- 125 ml (⅛ l) Wasser
- 100 g Roquefort
- 50 g Speisequark
- 2 EL Orangensaft
- frisch gemahlener Pfeffer
- 2 EL Pinienkerne

Zubereitungszeit:
30 Minuten, ohne Abkühlzeit

1 Birnen schälen, mit einem Apfelausstecher das Kerngehäuse entfernen. Birnen in Wein und Wasser etwa 10 Minuten dünsten lassen, dabei mehrmals wenden. Dann die Birnen in dem Sud erkalten lassen.

2 Roquefort mit Quark, Orangensaft und Pfeffer verrühren. Die Birnen aus dem Sud nehmen und trockentupfen. Die Käsecreme mit Hilfe eines Spritzbeutels in die Birnen füllen, die übriggebliebene Käsecreme auf die Birnen streichen.

3 Pinienkerne in einer Pfanne ohne Fett rösten, mahlen und auf die Käsebirnen streuen oder sie darin wälzen.

Tipp: *Nach Belieben jede Birne mit einem Petersilienblatt und Orangenstückchen garnieren und jede Birne auf eine Orangenscheibe setzen.*

Käsetrüffel (Foto)
12 Stück

Zutaten
- 200 g Doppelrahm-Frischkäse
- 250 g französischer Frischrahmkäse (70%)
- Salz
- frisch gemahlener Pfeffer

- 1 Bund feingeschnittener Schnittlauch

Zubereitungszeit:
25 Minuten, ohne Kühlzeit

1 Die beiden Käsesorten verrühren, mit Salz und Pfeffer würzen und dann kalt stellen.

2 Mit nassen Händen aus der Käsemasse etwa 12 Bällchen formen. Die Kugeln in Schnittlauch wenden, auf einer Platte anrichten und bis zum Verzehr kalt stellen.

Tipp: *Die Kugeln in Paprika, Dill, roten Zwiebelwürfeln oder Brotbröseln wenden.*

Abwandlung: Beschwipste Käsetrüffel
je ⅓ der Masse mit 1–2 Esslöffeln Weizenkorn, Himbeergeist und Zitronen- oder Orangensaft abschmecken. Die Käsekugeln in gehobelten Haselnusskernen wälzen.

Ruck-Zuck-Käseplatte

10 Portionen

Zutaten

500 g mittelalter Gouda
½ rote Paprikaschote
Paprikapulver edelsüß
1 Chicorée
Brunnenkresse

400 g Edamer
½ grüne Paprikaschote, in Streifen geschnitten

1 runder Briekäse (etwa 400 g)
4 Kumquats

300 g Blauschimmelkäse, z. B. Gorgonzola
1 Kiwi

300 g Raclettekäse
1 EL Schnittlauchröllchen
einige Basilikumblätter
5 halbierte Cocktailtomaten

Zubereitungszeit:
40 Minuten

1 Die Hälfte des Goudas erst in ½ cm dicke Scheiben schneiden, dann mit einem Buntmesser in Dreiecke schneiden und die Käsestücke schuppenartig auf einer Platte anrichten.

2 Paprika entstielen, entkernen, die weißen Scheidewände entfernen, Schoten waschen und mit einem Buntmesser in Rauten schneiden. Die Käsestücke mit den Paprikarauten garnieren.

3 Den restlichen Gouda in dickere Stangen schneiden. Chicorée putzen, waschen, längs halbieren, den Strunk herausschneiden, die Blätter abzupfen, waschen und trockentupfen.

4 Die Käsestangen auf den Chicoréeblättern anrichten, mit Paprika bestreuen und mit Brunnenkresse garnieren.

5 Edamer erst in 1 ½ cm dicke Scheiben, dann in Rauten schneiden und mit Paprikastreifen garniert auf der Käseplatte anrichten.

6 Brie in Achtel schneiden. Kumquats waschen, trockentupfen und in Scheiben schneiden. Die Briestücke mit den Kumquatsscheiben garnieren.

7 Blauschimmelkäse in Dreiecke schneiden. Kiwi schälen, in Scheiben schneiden und mit dem Käse auf der Platte anrichten.

8 Raclettekäse in Scheiben schneiden, aufrollen, auf der Platte anrichten und mit Schnittlauchröllchen bestreuen. Mit Basilikum und Cocktailtomaten garnieren.

(Fortsetzung auf Seite 72)

(Fortsetzung von Seite 70)

Ziegenkäsetorte

Zutaten

- ½ Kiste Kresse
- 1 runder Ziegenkäse (etwa 300 g)
- 2 EL gemahlene Walnusskerne
- 1 EL Preiselbeeren
- helle und dunkle kernlose Weintrauben

Zubereitungszeit:
20 Minuten

1 Gut die Hälfte der Kresse kreisförmig auf den Käse legen.

2 Walnusskerne mit Preiselbeeren verrühren und auf das Kressebett legen, mit restlicher Kresse garnieren.

3 Den Käse mit Weintraubenhälften garnieren.

Tipp: *Statt Weintrauben können auch einsteinte Backpflaumen genommen werden.*

Ziegenfrischkäse mit Rauke-Pesto

12 Stück – Foto

Zutaten

- 3 Knoblauchzehen
- 50 g Pinienkerne
- 1 Bund Rauke (etwa 100 g)
- 1 TL Salz
- frisch gemahlener Pfeffer
- 100 ml Olivenöl
- 50 ml Traubenkernöl
- 120 g fein geraspelter Parmesan oder Grana padano
- 12 kleine Ziegenkäse (à 40 g)
- 10 Cocktailtomaten

Zubereitungszeit:
etwa 20 Minuten

1 Knoblauchzehen abziehen. Pinienkerne in einer Pfanne ohne Fett rösten, abkühlen lassen.

2 Rauke waschen, trockenschleudern, fein schneiden. In einem Blitzhacker zuerst Knoblauch mit Salz und Peffer hacken, dann Rauke, Olivenöl, Traubenkernöl und Parmesan oder Grana padano hinzugeben und zu einer feinen Paste zerhacken.

3 Ziegenkäse auf einer Platte anrichten. Rauke-Pesto darauf verteilen.

4 Cocktailtomaten waschen, halbieren und auf der Platte verteilen.

Tipps: *Mit Vollkornbrötchen oder Ciabatta servieren. Das klassische Pesto ist mit der gleichen Menge Basilikum statt Rauke. Wenn es mal schneller gehen soll, kann ein Glas gekauftes Pesto verwendet werden.*

Schnelle Käseplatte

6 Portionen

Zutaten

- 25 g weiche Butter
- ¼ TL Estragonsenf
- 10 Cräcker
- 1 kleine Tomate
- 1 Stück Salatgurke
- 5 Minikäsetörtchen in den Sorten Mandel-Ananas, Paprika, Schnittlauch, Krabben-Dill (gibt es fertig im Kühlregal)
- einige Kräuterzweige

Zubereitungszeit:
15 Minuten

Käsetörtchen

10 Stück

1 Butter mit Senf geschmeidig rühren und auf die Cräcker streichen.

2 Tomate halbieren, den Stängelansatz herausschneiden, die Tomate in Scheiben schneiden. Gurke gut waschen und ebenfalls in Scheiben schneiden. Die Tomaten- und Gurkenscheiben auf die Cräcker legen.

3 Minikäsetörtchen halbieren und je eine Hälfte auf die Cräcker legen. Mit Kräuterzweigen oder -blättern garnieren.

Zutaten

- 3 Scheiben (à 50 g) Vollkornbrot
- etwa 30 g Kräuterbutter
- 3 Salatblätter
- 1 Rolle (200 g) Harzer Käse
- ½ Salatgurke (etwa 200 g)
- 1 kleine Zwiebel
- Salz
- frisch gemahlener Pfeffer
- 1 Prise Zucker
- gut 1 TL Zitronensaft
- etwas Senf
- 1 EL gehackter Dill

Zubereitungszeit:
25 Minuten

Harzer Brot mit Gurkensalat

12 Stück

1 Vollkornbrot mit Butter bestreichen. Salatblätter putzen, abspülen, trockentupfen und auf die Brotscheiben legen. Die Brotscheiben in Viertel schneiden.

2 Harzer Käse in 12 Scheiben schneiden und auf die Brotviertel legen.

3 Salatgurke waschen, in 12 knapp ½ cm dicke Scheiben schneiden und mit einer runden Ausstechform Ringe ausstechen. Die Ringe auf den Käse legen.

4 Die restliche Gurke und die ausgestochenen Gurkenkreise in feine Würfel schneiden. Zwiebel abziehen, fein würfeln und zu den Gurkenwürfeln geben.

5 Den Gurkensalat mit Salz, Pfeffer, Zucker, Zitronensaft und Senf abschmecken. Dill unterrühren und den Gurkensalat in die Ringe geben.

Tipp: *Nach Belieben 1 Esslöffel Schmand unter den Gurkensalat rühren.*

(Fortsetzung Seite 76)

(Fortsetzung von Seite 74)

Feta-Obst-Häppchen

16 Stück

Zutaten

- 200 g Fetakäse (rechteckig, am Stück)
- 50 g ungeschwefelte, getrocknete Aprikosen
- 50 g Eisbergsalat
- 50 g Curry-Ananas-Brotaufstrich (Fertigprodukt aus dem Glas)

Zubereitungszeit:
15 Minuten

1 Fetakäse quer halbieren. Aprikosen in kleine Würfel schneiden. Eisbergsalat verlesen, waschen, trockentupfen und in feine Streifen schneiden.

2 Den Brotaufstrich mit den Aprikosenwürfeln und den Eisbergstreifen vermischen und auf die Käsehälften streichen. Den Käse in 16 Stücke schneiden.

Tipps: *Nach Belieben die Fetahäppchen mit Obststückchen garnieren. Statt Aprikosen können auch entsteinte, getrocknete Pflaumen oder Rosinen genommen werden.*

Käsehäppchenplatte

8 Portionen

Würzige Ziegenkäse-Minitörtchen

8 Stück

Zutaten

Für die Aiolicreme:
- 4 Knoblauchzehen
- 1 TL scharfer Senf
- 2 Eigelb
- 1 TL Zitronensaft
- Salz
- frisch gemahlener Pfeffer
- 125 ml (⅛ l) Olivenöl
- 1 Prise Zucker
- evtl. etwas Zitronensaft

- 8 Ziegenkäsetörtchen (à 40 g)
- gewaschene Raukeblätter
- Zwiebelsprossen

Zubereitungszeit:
20 Minuten

1 Für die Aiolicreme Knoblauchzehen abziehen, zerdrücken, mit Senf, Eigelb, Zitronensaft, Salz und Pfeffer in einer Rührschüssel gut verrühren.

2 Öl zuerst tropfenweise, dann im dünnen Strahl unterrühren, mit Zucker, Zitronensaft, Salz und Pfeffer abschmecken.

3 Die Ziegenkäsetörtchen mit der Aiolicreme bestreichen, die Törtchen mit Raukeblättern und Zwiebelsprossen belegen.

(Fortsetzung Seite 78)

(Fortsetzung von Seite 76)

Eingelegte Käsepäckchen

12 Stück

Zutaten
300 g Schafskäse
1 Zucchini (200 g)
Für die Marinade:
2 EL Weißweinessig
Salz
etwas Zucker
1 TL gestoßene, rosa Pfefferkörner
1 TL schwarze Pfefferkörner
1 TL abgetropfte, grüne Pfefferkörner (aus dem Glas)
250 ml (¼ l) Olivenöl
1 Zwiebel
1 rote Chilischote
2 EL grobgehackte Kräuter, z. B. Thymian, Estragon, Rosmarin
1 Lorbeerblatt

Zubereitungszeit:
30 Minuten, ohne Durchziehzeit

1 Schafskäse in 12 Würfel schneiden. Von der Zucchini die Enden abschneiden, Zucchini waschen.

2 Zucchini mit Hilfe eines Sparschälers längs in dünne Scheiben schneiden, in kochendes Salzwasser geben, einmal aufkochen lassen, herausnehmen, in kaltem Wasser abschrecken.

3 Die Schafskäsewürfel mit den Zucchinistreifen umwickeln, evtl. mit einem Holzstäbchen feststecken und in gründlich gereinigte und gespülte Gläser schichten.

4 Für die Marinade Essig mit Salz, Zucker und Pfefferkörnern verrühren, dann das Öl unterschlagen. Zwiebel abziehen und in Ringe schneiden.

5 Chilischote waschen, halbieren, entstielen, entkernen und die Schote in kleine Würfel schneiden. Kräuter und Lorbeerblatt in die Marinade geben, alles gut verrühren und die Marinade über die Käsepäckchen gießen.

6 Die Gläser verschließen und 2–3 Tage kühl lagern. Vor dem Servieren aus der Marinade nehmen und auf einer Platte anrichten.

Tipp: *Statt Zucchinistreifen können auch blanchierte Möhrenstreifen genommen werden.*

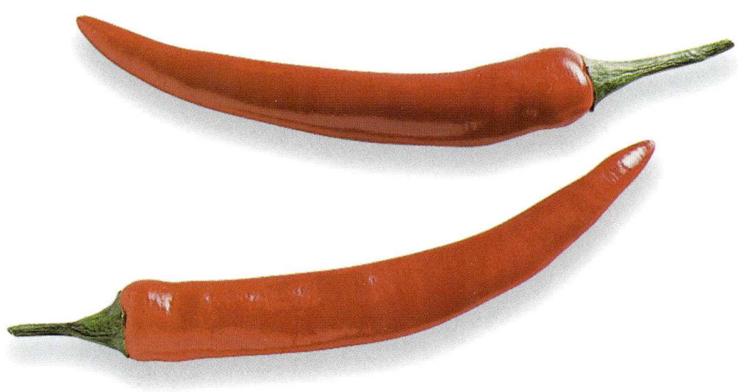

Brie mit Spinatfüllung

2–3 Portionen

1 Tortenbrie quer halbieren. Spinatblätter abspülen, trockentupfen, die dicken Stiele entfernen und in feine Streifen schneiden.

2 Estragonessig, Salz, Pfeffer, Senf und etwas Zucker verrühren, Öl unterschlagen. Knoblauch und Schalotte abziehen und in feine Würfel schneiden.

3 Tomate kurze Zeit in kochendes Wasser legen (nicht kochen lassen), in kaltem Wasser abschrecken, enthäuten, den Stängelansatz herausschneiden, die Tomate in kleine Würfel schneiden.

4 Spinatstreifen, Knoblauch-, Schalotten- und Tomatenwürfel mit der Marinade verrühren, gehackte Cashewkerne hinzufügen. Die Masse in den Käse füllen, in Frischhaltefolie einwickeln und etwas durchziehen lassen.

Tipp: *Die Käsetorte mit einem gewaschenen Spinatblatt belegen und mit Pfeffer bestreuen.*

Zutaten
1 Stück Tortenbrie (etwa 250 g)
75 g Spinatblätter
2 EL Estragonessig
Salz
frisch gemahlener Pfeffer
1 Msp. Senf
etwas Zucker
4 EL Distelöl
1 Knoblauchzehe
1 kleine Schalotte
1 kleine Tomate
1 EL gehackte Cashewkerne

Zubereitungszeit:
20 Minuten

Roquefort-Häppchen (ohne Foto)

12 Stück

1 Roquefort mit einer Gabel zerdrücken. Quark und Haselnusskerne unter den Käse rühren. Mit Senf, Worcestersauce und Zitronensaft abschmecken.

2 Die Masse in einen Spritzbeutel mit gezackter Tülle füllen und auf Cräcker spritzen.

3 Die Roquefort-Häppchen mit Pfeffer bestreuen und mit Petersilie garnieren.

Zutaten
75 g Roquefort
150 g Sahnequark
1 EL gemahlene Haselnusskerne
Senf
Worcestersauce
1 TL Zitronensaft
12 Cräcker
grober, rosa Pfeffer
gehackte Petersilie

Zubereitungszeit:
20 Minuten

Internationale Käseplatte

Gefüllte Sesamringe

4 Portionen

Zutaten

- 2 Sesamringe (Ø etwa 14 cm)
- 4 EL Olivenöl
- 300 g Schafskäse
- Oliven, getrocknete, eingelegte Tomaten
- 200 g in Öl eingelegtes Gemüse, z. B. Zwiebeln, Knoblauch, Artischocken
- 100 g Mascarpone
- 4 EL Schlagsahne

Zubereitungszeit:
20 Minuten

1 Sesamringe quer halbieren und mit etwas Öl beträufeln.

2 Schafskäse mit einer Gabel zerdrücken, Oliven, Tomaten und eingelegtes Gemüse in kleine Würfel schneiden, mit Mascarpone und Sahne verrühren. Die Füllung auf die Ringhälften streichen und diese zusammensetzen.

Minikäsebällchen

12 Stück

Zutaten

- 12 kleine Minikäsetörtchen, z. B. Mini-Babybel
- italienische Senffrüchte

Zubereitungszeit:
10 Minuten

1 Minikäsetörtchen von der Rinde befreien.

2 Die Käsetörtchen mit Senffrüchten garnieren.

Mozzarellaspieße

12 Stück

Zutaten

- 12 Mini-Mozzarellakugeln
- 12 Cocktailtomaten
- 24 Basilikumblätter
- 3–4 TL Pesto

Zubereitungszeit:
10 Minuten

1 Mozzarella abtropfen lassen, Tomaten entstielen, waschen, halbieren. Basilikumblätter abspülen, trockentupfen.

2 Mozzarellakugeln, Tomaten und Basilikum abwechselnd auf Holzspießchen stecken. Pesto darauf verteilen.

Ziegenfrischkäsekugeln

20 Stück

Zutaten

- 300 g Ziegenfrischkäse
- Salz, Pfeffer
- ½ TL Tabascosauce
- 2 EL gehackte Kräuter, z. B. Petersilie, Majoran
- blaue und grüne Weintrauben
- geröstete Pinienkerne

Zubereitungszeit:
25 Minuten

1 Ziegenfrischkäse mit Salz, Pfeffer, Tabascosauce und Kräutern verrühren, kleine Kugeln formen, etwas flach drücken. Weintrauben gründlich waschen, trockentupfen, kreuzweise etwa 1 cm tief einschneiden.

2 Weintrauben und Frischkäsekugeln mit Holzspießen auf Endivienblättern feststecken, mit gerösteten Pinienkernen bestreuen.

Platten für bestimmte Anlässe

Oster-Eierplatte

8–10 Portionen

Zutaten

3 hartgekochte Eier
2 EL Crème fraîche mit frischen Kräutern
Salz
frisch gemahlener Pfeffer
Olivenöl
2 EL gehackte Kräuter, z. B. Petersilie, Schnittlauch, Majoran

Zubereitungszeit:
25 Minuten

Grüne Eier

6 Stück

1 Eier längs halbieren, Eigelb herausnehmen und durch ein Sieb streichen. Eigelb mit Kräuter-Crème fraîche, Salz und Pfeffer verrühren und abschmecken.

2 Die Eihälften von außen mit etwas Olivenöl bestreichen und mit den Kräuter bestreuen.

3 Die Eigelbcreme in einen Spritzbeutel mit Sterntülle füllen und in die Eiweißhälften spritzen. Die Eier mit Kräutern garnieren.

Zutaten

8 geröstete Weißbrotscheiben
30 g Butter
4 hartgekochte Eier
4 TL Ketakaviar
4 TL schwarzer Kaviar, z. B. Beluga
einige Majoranblättchen

Zubereitungszeit:
15 Minuten

Kaviareier auf Brotscheiben

8 Stück

1 Brotscheiben mit Butter bestreichen. Eier pellen, in Scheiben schneiden und auf die Brotscheiben legen.

2 Jeweils 4 Brotscheiben mit den verschiedenen Kaviarsorten belegen und mit Majoran garnieren.

(Fortsetzung Seite 84)

(Fortsetzung von Seite 82)

Pochierte Eier im Nest

4 Stück

Zutaten
1 l Wasser
3 EL Essig
4 Eier
4 Wirsingblätter
4 Porreestreifen
Rot-Weiß-Mayonnaise (aus der Tube, Fertigprodukt) oder nach Belieben nur Mayonnaise oder nur Ketchup

Zubereitungszeit:
20 Minuten

1 Wasser mit Essig zum Kochen bringen. Eier einzeln in einer Suppenkelle aufschlagen und vorsichtig in das kochende Wasser geben (bei Gas die Flamme klein stellen, bei Strom die Kochstelle ausstellen). Eier 3–4 Minuten darin garen, zwischendurch einmal wenden.

2 Eier mit einem Schaumlöffel herausnehmen, erkalten lassen und dann ringsherum in Form schneiden.

3 Wirsingblätter und Porreestreifen kurz in kochendem Salzwasser blanchieren, abschrecken, herausnehmen, mit kaltem Wasser abspülen und gut abtropfen lassen.

4 Jeweils ein Ei auf ein Wirsingblatt legen, etwas Mayonnaise darauf spritzen, die Wirsingblätter über dem Ei zusammenschlagen, das Ganze mit einem blanchierten Porreestreifen zusammenbinden.

Garnierte Eierhälften

16 Stück

Zutaten
8 hartgekochte Eier
blanchierte Möhrenscheiben
Gurkenscheiben
Kapern, Oliven
Basilikum, Kerbelblättchen
50 g Shrimps
Dill, Paprikastreifen

Zubereitungszeit:
25 Minuten

1 Die Eier pellen und halbieren.

2 Nach Belieben die Eierhälften mit den angegebenen Zutaten garnieren und die Eier mit der Schnittfläche nach unten auf einer Platte anrichten.

Russische Eier (Foto)

8 Stück

Zutaten
4 hartgekochte Eier
1 schwach geh. EL Mayonnaise
1 schwach geh. TL Senf
Salz
frisch gemahlener Pfeffer
1 Prise Zucker
gewaschene Salatblätter
Sardellenstreifen
Gurkenstreifen

Zubereitungszeit:
20 Minuten

1 Eier pellen, längs halbieren, Eigelb herauslösen, durch ein feines Sieb streichen und mit Mayonnaise und Senf zu einer geschmeidigen Masse verrühren. Die Creme mit Salz, Pfeffer und Zucker abschmecken.

2 Die Masse in einen Spritzbeutel füllen und in die Eihälften spritzen. Die Eier auf Salatblättern anrichten, mit Sardellen- und Gurkenstreifen garnieren.

Abwandlung: *Unter die Eigelbfüllung Tomatenmark, feingewiegte Kräuter, feingehackte Sardellen oder feingehackten, rohen Schinken rühren, mit Salz abschmecken.*

Spieleabend

8 Portionen

Zutaten

60 g Rauchmandeln oder Macadamianüsse
40 g ganze, abgezogene Mandeln
100 g entkernte, grüne Oliven
100 g weiche Butter
4 EL gehackte Petersilie
Zitronensaft
frisch gemahlener Pfeffer
geriebene Muskatnuss
Kurkuma oder Curry
½ frisches Kastenweißbrot
½ frisches Kastengraubrot

Zubereitungszeit:
25 Minuten, ohne Abkühlzeit

Mandel-Oliven-Häppchen im Schachbrettmuster

1 Rauchmandeln oder Macadamianüsse, Mandeln, Oliven und Butter in einem Mixer pürieren. Petersilie unter die Masse mischen und mit Zitronensaft, Pfeffer, Muskat und Kurkuma abschmecken.

2 Die Brote der Länge nach quer in 3 etwa 2–3 cm dicke Scheiben schneiden, die Kruste entfernen und die Mandel-Oliven-Paste (etwa 2 Esslöffel zurückbehalten) auf die Brotscheiben streichen.

3 Abwechselnd Weißbrot und Graubrot aufeinanderlegen. Das Brot in Alufolie einpacken, fest zusammendrücken und etwa 2 Stunden im Kühlschrank durchkühlen lassen.

4 Das Brot der Länge nach in 4 Scheiben und dann in je 3 Streifen schneiden. Jeweils 1 Seite der Streifen mit der restlichen Mandel-Oliven-Paste bestreichen und auf einer Platte so zusammensetzen, dass jeweils ein heller Würfel an einem dunklen Würfel liegt, so dass ein Schachbrettmuster entsteht.

Zutaten

1 TL Senfkörner
1 EL Obstessig
400 g Salatgurke
Salz, Pfeffer
1 etwa 12 cm langes, frisches Graubrot (Kastenform)
80 g Butter
160 g Räucherlachs (in Scheiben)

Zubereitungszeit:
30 Minuten, ohne Durchkühlzeit

Lachs-Gurken-Schnecke

etwa 30 Stück

1 Senfkörner in Obstessig einweichen und etwa 1 Stunde durchziehen lassen.

2 Salatgurke waschen, schälen, grob zerkleinern, im Mixer pürieren, mit Salz und Pfeffer würzen, in ein Mulltuch geben. Die Flüssigkeit herausdrücken.

3 Das Gurkenmus mit den Senfkörnern verrühren.

(Fortsetzung Seite 88)

(Fortsetzung von Seite 86)

4 Von dem Graubrot die Krusten abschneiden, der Länge nach quer in 4 etwa 1 cm dicke Scheiben schneiden und flach drücken. Die Brotplatten mit Butter bestreichen.

5 Räucherlachs auf die Brotplatten verteilen, mit Gurkenmus dünn bestreichen, zusammenrollen und mit Frischhaltefolie umwickeln. Die Brotrollen etwa 10 Stunden im Kühlschrank ruhen lassen.

6 Die Brotrollen aus der Frischhaltefolie nehmen und in 1 ½ cm dicke Scheiben schneiden.

Frischkäsekugeln mit Sonnenblumenkernen

20 Stück

Zutaten

1 Bund Schnittlauch
1 Bund Estragon
je ½ rote, gelbe und grüne Paprika
500 g Doppelrahm-Frischkäse
Salz
frisch gemahlener Pfeffer
10 EL geröstete Sonnenblumenkerne
20 gewaschene, abgespülte Salatblätter
20 Pumpernickeltaler

Zubereitungszeit:
30 Minuten

1 Schnittlauch und Estragon abspülen, trockentupfen und fein hacken. Paprika entstielen, entkernen, die weißen Scheidewände entfernen, Schoten waschen und in feine Würfel schneiden.

2 Frischkäse, Kräuter und Paprikawürfel gut mischen, mit Salz und Pfeffer abschmecken. Aus der Käsemasse kleine Kugeln formen, evtl. kühl stellen.

3 Die Kugeln in den Sonnenblumenkernen wälzen. Jeweils ein Salatblatt auf eine Pumpernickelscheibe legen und die Käsekugeln darauf setzen.

Tipp: *Die Kugeln nach Belieben halbiert auf 40 Pumpernickeltaler setzen.*

Verwarnung
Platzmannschaft:
1
2

Bayerischer Abend

6 Portionen

Zutaten
2 Romadur (à 150 g)
2 TL Kümmelsamen
2–3 EL Essig
4 EL Speiseöl
frisch gemahlener Pfeffer
gewaschene Salatblätter

Zubereitungszeit:
10 Minuten, ohne Marinierzeit

Eingelegter Romadur

1 Romadur in ½ cm dicke Scheiben schneiden. Kümmel darauf streuen.

2 Essig und Öl mit Pfeffer verrühren und auf dem Käse verteilen. Den Käse 6–8 Stunden oder über Nacht durchziehen lassen.

3 Die Käsescheiben auf Salatblättern anrichten.

Zutaten
75 g weiche Butter
250 g reifer Camembert
1 mittelgroße Zwiebel
Salz
frisch gemahlener, weißer Pfeffer
¼ TL gemahlener Kümmel
¼ TL Paprikapulver
1 Schuss Bier
1 großes, gewaschenes Salatblatt

Zubereitungszeit:
25 Minuten

Obatzta

1 Butter verrühren. Vom Camembert evtl. die weiße Rinde entfernen, mit einer Gabel zerdrücken, unter die Butter rühren.

2 Zwiebel abziehen und fein hacken, mit Salz, Pfeffer, Kümmel und Paprika in die Butter-Käse-Masse geben, abschmecken und zum Schluss Bier hinzufügen.

3 Den Obatzta auf dem Salatblatt anrichten.

Zutaten
200 g feste bayerische Leberwurst
glatte Petersilie

Zubereitungszeit:
5 Minuten

Bayerische Leberwurst

1 Leberwurst in gut ½ cm dicke Scheiben schneiden und auf der Platte anrichten. Petersilie abspülen, trockentupfen und die Leberwurstscheiben damit garnieren.

(Fortsetzung Seite 92)

(Fortsetzung von Seite 90)

Radispirale

Zutaten
1 großer Rettich (Radi)
Salz

Zubereitungszeit:
10 Minuten

1 Vom Rettich das Grün und Wurzeln abschneiden, bürsten, waschen, trockentupfen und mit einem scharfen Messer schräg in dünne Scheiben schneiden, so dass der Rettich unten noch zusammengehalten wird.

2 Den Rettich umdrehen und noch einmal einschneiden. Die Scheiben vorsichtig von beiden Seiten salzen und etwas auseinander ziehen. Der Rettich verliert Wasser und wird dadurch mild und weich.

Tipp: *Mit einem Spiralenschneider geht das Schneiden leichter.*

Bayerischer Wurstsalat

Zutaten
300 g Fleischwurst
125 g Gewürzgurken
1 große Zwiebel
4 EL Wasser
1 EL Essig
2 EL Sonnenblumenöl
Salz
frisch gemahlener, schwarzer Pfeffer

Zubereitungszeit:
20 Minuten

1 Fleischwurst und Gurken in Scheiben schneiden und in eine Schüssel geben.

2 Zwiebel abziehen, in dünne Scheiben schneiden, mit Wasser, Essig und Öl kurz aufkochen, salzen und pfeffern.

3 Die Zwiebeln mit Fleischwurst und Gurken vermischen und durchziehen lassen. Evtl. nochmals abschmecken.

Schweinebratenaufschnitt

Zutaten
200 g Schweinebratenaufschnitt (fertig gekauft)
3 Gewürzgurken

Zubereitungszeit:
10 Minuten

1 Bratenaufschnitt in nicht zu feine Scheiben schneiden und auf der Platte anrichten.

2 Gewürzgurken in feine Scheiben schneiden und den Aufschnitt damit dekorieren.

Tipps: *Nach Belieben den Schweinebratenaufschnitt mit süßem Senf bestreichen oder etxtra dazureichen. Die bayerische Platte mit reichlich Zwiebelringen, Radieschen und eingelegten Gurken dekorieren. Laugenbrezeln dazureichen.*

Bayerischer Hackbraten

6 Portionen – ohne Foto

1 Semmel in kaltem Wasser einweichen. Rettich fein raspeln. Zwiebel abziehen und in kleine Würfel schneiden.

2 Gehacktes mit Semmelbröseln, Ei, gut ausgedrückter Semmel, Rettich und Zwiebeln mit Handrührgerät mit Knethaken gut vermengen. Kümmel hinzufügen. Den Fleischteig mit Salz, Pfeffer und Paprika würzen.

3 Das Gehackte auf einem Brett zu einem Rechteck von etwa 20 x 15 cm flach drücken. Leberkäse in etwa 1 cm dicke Würfel schneiden und auf dem Gehackten verteilen. Das Ganze von der längeren Seite zusammenschlagen und zu einer Rolle formen.

4 Öl in eine Pfanne erhitzen, das Fleisch hineingeben und 40–50 Minuten bei schwacher Hitze zugedeckt braten. Nach der Hälfte der Bratzeit das Fleisch einmal vorsichtig wenden und Bier hinzugießen. Den Braten in dem Sud mindestens 4 Stunden, am besten über Nacht, erkalten lassen.

5 Den Hackbraten in etwa ½ cm dicke Scheiben schneiden. Mit Petersilie garnieren.

Beigabe: *Bayerischer, süßer Senf.*

Tipp: *Nach Belieben nur erst die Hälfte des Bratens aufschneiden, er hält sich gekühlt 2–3 Tage.*

Zutaten

1 Semmel (Brötchen)
150 g geschälter Rettich
1 mittelgroße Zwiebel
500 g Gehacktes (halb Rind-, halb Schweinefleisch)
1 EL Semmelbrösel
1 Ei
1 TL Kümmel
Salz
frisch gemahlener Pfeffer
Paprikapulver edelsüß
1 Scheibe (etwa 125 g) Leberkäse
2 EL Speiseöl
3 EL Bier
etwas Petersilie zum Garnieren

Zubereitungszeit:
85 Minuten, ohne Abkühlzeit

Revival-Platte

8 Portionen

Zutaten

Tomatenpaprika in Streifen (aus dem Glas)
Cornichons
Perlzwiebeln oder Mixed Pickles
Oliven
Radieschen
Cocktailwürstchen
Cervelatwurstscheiben

1 Grapefruit oder 1 kleiner Blumenkohl

Zubereitungszeit:
20 Minuten

Cocktail–Igel

1 Das eingelegte Gemüse gut abtropfen lassen. Radieschen waschen, putzen und mit einem Messer etwas einschneiden.

2 Das Gemüse, Cocktailwürstchen und Cervelatwurstscheiben gemischt und in unterschiedlichen Kombinationen auf Holzspießchen stecken.

3 Die Holzspieße igelartig auf eine Grapefruit oder einen Blumenkohl stecken.

Zutaten

6 mittelgroße Tomaten

Für die Füllung:
50 g gekochter Langkornreis
75 g aufgetaute, kurz blanchierte TK-Erbsen
50 g gekochter Schinken, in Würfel geschnitten
1 EL gehackte Walnusskerne
2 EL Mayonnaise
Salz
frisch gemahlener Pfeffer

evtl. einige Petersilienblättchen

Zubereitungszeit:
35 Minuten

Tomatenkörbchen, mit Reis-Erbsen-Salat gefüllt

6 Stück

1 Tomaten waschen, entstielen und in Körbchen-Form schneiden. Die Tomaten vorsichtig aushöhlen.

2 Für die Füllung Reis mit Erbsen, Schinkenwürfel, Walnüssen und Mayonnaise verrühren, mit Salz und Pfeffer würzen.

3 Die Füllung in die Tomaten geben, nach Belieben mit Petersilienblättchen garnieren.

Tipps: *Von den Tomaten die obere Kappe abschneiden, das Fruchtmark aushöhlen, mit dem Salat füllen, gekochte Eierscheiben und den Tomatendeckel darauf legen und mit Petersilie garnieren. Das ausgehöhlte Tomatenfleisch für eine Tomatensuppe oder -sauce weiterverwenden.*

(Fortsetzung Seite 96)

(Fortsetzung von Seite 94)

Käsespieße

Zutaten

250 g Käse, z. B. Gouda oder deutscher Edamer
Obststücke, wie z. B. Ananas, Weintrauben, Kirschen
einige Walnusshälften

Zubereitungszeit:
10 Minuten

1 Käse in mundgerechte Würfel schneiden.

2 Jeweils ein Käsehappen mit einem Stück gewaschenem Obst oder einer Walnusshälfte mit einem Holzstäbchen feststecken.

Tipp: *Es kann auch konserviertes Obst, wie z. B. Mandarinen genommen werden.*

Pumpernickelecken oder -schnitten

Zutaten

4 Pumpernickelscheiben (à etwa 40 g)
etwa 30 g Butter
3 Käsescheiben, z. B. Edamer

Zubereitungszeit:
10 Minuten, ohne Durchziehzeit

1 Die Pumpernickelscheiben mit Butter bestreichen.

2 Die Käsescheiben auf die Brotscheiben (bis auf eine) verteilen (der Käse muss exakt mit dem Brot abschließen).

3 Die belegten Pumpernickelscheiben aufeinander legen, mit der Pumpernickelscheibe ohne Käse abschließen. Die geschichteten Scheiben einige Zeit gut beschweren (z. B. ein Schneidebrett darauf legen und mit Konserven beschweren).

4 Die Pumpernickelscheiben mit einem scharfen Messer in Vier-, Drei- oder Rechtecke schneiden.

Igel

Zutaten

6 hartgekochte Eier
6 Salamischeiben (Ø 5–6 cm)
dünne Salzstangen
Tomatenmark (aus der Tube)

Zubereitungszeit:
25 Minuten

1 Eier pellen und längs halbieren. Die Eier auf die Schnittflächen legen.

2 Jede Salamischeibe zur Hälfte einschneiden, zu einer Spitztüte formen und diese um das spitze Ende einer Eihälfte legen.

3 Salzstangen in 2–3 cm lange Stifte brechen und in die gewölbte Eiseite stecken, etwa ⅓ der spitzen Eiseite dabei für das Igelgesicht aussparen.

4 Mit dem Tomatenmark 2 Augen auftupfen.

Fliegenpilz

4 Stück

Zutaten

4 hartgekochte Eier
4 Tomaten
etwas Kresse

Zubereitungszeit:
15 Minuten

1 Eier pellen, an der unteren Seite eine Kuppe abschneiden, damit die Eier gut stehen können.

2 Von den Tomaten einen Deckel abschneiden, aushöhlen und je ein Tomatendeckel auf ein Ei setzen.

3 Die verbliebenen Eiweißkuppen in kleine Würfel schneiden und auf die Tomatendeckel verteilen.

4 Die Fliegenpilze auf ein Bett aus Kres

Tipp: *Nach Belieben mit Mayonnaise aus der Tube kleine Tupfer auf die Tomatendeckel spritzen.*

Schinkenröllchen mit Spargel (ohne Foto)

8 Stück

Zutaten

125 ml (⅛ l) Schlagsahne
1 EL geriebener Meerrettich (aus dem Glas)
Salz
1 Prise Zucker
8 Scheiben gekochter Schinken
16 Stangen gekochter, weißer Spargel (aus dem Glas)

Zubereitungszeit:
20 Minuten

1 Sahne steif schlagen. Meerrettich, Salz und Zucker unterheben. Die Masse auf die Schinkenscheiben streichen.

2 Jeweils 2 Spargelstangen (gut abgetropft) darauf legen und zusammenrollen. Evtl. mit einem Holzstäbchen zusammenstecken.

Tipps: *Wenn die Schinkenscheiben sehr groß sind, können sie auch halbiert werden. Die Spargelstangen dann ebenfalls halbieren. Statt Sahne können auch 4 Esslöffel Mayonnaise genommen werden.*

Kinderparty

8 Portionen

Zutaten

4 EL Remoulade (aus der Tube oder aus dem Glas)
2 EL Ajvar (fertig gekauftes Paprikamus)
4 Partywürstchen (etwa 20 cm lang, 200 g)
8 Scheiben Crisp-Roggenvollkornbrot
¼ rote Paprikaschote, in Streifen geschnitten

Zubereitungszeit:
10 Minuten

Kalte Hot dogs

8 Stück

1 Remoulade mit Ajvar verrühren. Würstchen halbieren, der Länge nach bis auf ½ cm durchschneiden, etwas auseinanderziehen und auf die Brotscheiben legen.

2 In die Einschnittstellen der Würstchen das Paprikamus spritzen und nach Belieben mit Paprikastreifen garnieren.

Tipp: *Statt Crisp-Roggenvollkornbrot können auch Knäckebrotscheiben genommen werden.*

Zutaten

1 Pck. Pausenmahlzeit zarte Putenbrust
etwas Remoulade (aus der Tube)
1 geschälte Kiwi, in 8 Scheiben geschnitten
nach Belieben 3–4 Erdbeeren

Zubereitungszeit:
10 Minuten

Schnelle Putenbrusttörtchen

8 Stück

1 Auf jeden Cräcker aus der Packung einen Ring Remoulade spritzen.

2 Kiwischeiben auf die Cräcker legen. Dann Putenbrustscheiben aus der Packung auf die Kiwischeiben legen, die Käsescheiben halbieren und darauf legen.

3 Jeweils einen Tupfer Remoulade auf jedes Törtchen spritzen und nach Belieben mit in Scheiben geschnittenen Erdbeeren verzieren.

Zutaten

1 Pck. Pausenbrot Salami
etwas Mayonnaise
Tomatenmark aus der Tube
etwas Petersilie zum Garnieren

Zubereitungszeit:
10 Minuten

Schnelle Salamitörtchen

8 Stück

1 Auf jeden Cräcker aus der Packung einen Ring Mayonnaise spritzen.

2 Salamischeiben aus der Packung darauf legen. Aus den Käsescheiben aus der Packung mit einer Ausstechform einen Kreis (oder andere Motive) von etwa 1 cm Durchmesser ausstechen.

(Fortsetzung Seite 100)

(Fortsetzung von Seite 98)

3 Den Käsering auf die Salami geben, in die Löcher Tomatenmarktupfer spritzen und die ausgestochenen Kreise bzw. Motive darauf legen. Die Salamitörtchen mit Petersilie garnieren.

Mac Chips
16 Stück

Zutaten

4 Toastbrotscheiben (etwa 100 g)
etwa 4 EL Tomaten-Paprika-Brotaufstrich (Fertigprodukt aus dem Glas)
4 Kopfsalatblätter
4 Scheiben Schinkenwurst
etwa 50 g Kartoffelchips oder -sticks
evtl. 2 EL in Würfel geschnittene, rote und gelbe Paprikawürfel

Zubereitungszeit:
20 Minuten

1 Jede Toastbrotscheibe mit der Hälfte des Brotaufstriches bestreichen.

2 Erst die gewaschenen und gut abgetropften Salatblätter (Stiel evtl. herausschneiden) auf den Toastbrotscheiben verteilen, dann die Schinkenwurst darauf legen und mit dem restlichen Brotaufstrich bestreichen.

3 Die Toastbrotscheiben diagonal zweimal durchschneiden, so dass kleine Dreiecke entstehen. Kartoffelchips oder -sticks auf die Dreiecke verteilen und die Mac Chips nach Belieben mit Paprikawürfeln bestreuen. Die Toasts sofort servieren.

Tipp: *Statt Tomaten-Paprika-Brotaufstrich kann auch Tomatenketchup mit etwas Mayonnaise verrührt werden.*

Käseplatte **(Foto)**
etwa 25 Figuren

Zutaten

500 g Hart- oder Schnittkäse, z. B. Allgäuer Emmentaler, Edamer, Gouda oder Tilsiter

Zubereitungszeit:
15 Minuten

1 Den Käse in etwa 0,5 cm dicke Scheiben schneiden.

2 Mit verschiedenen Ausstechförmchen, z. B. Bären, Fische, Schmetterlinge oder zu Ostern Häschen ausstechen. Je nach Größe der Ausstechformen ergibt es etwa 25 Figuren.

Tipps: *Die Käseplatte mit Salzstangen und Früchten garnieren. Die Häschen sehen auch in einem Kressebett sehr nett aus. Als Party-Gag können die Kinder die Figuren auch selbst ausstechen. Wer mag, kann die ausgestochenen Figuren auch nach Belieben mit Paprikapulver bestäuben.*

Teenie-Party

4 Portionen

Zutaten

etwa 150 g Geflügelwurst-aufschnitt mit Kräutern, etwa 3 mm dick geschnitten
½ Avocado
Zitronensaft
3 Kumquats

Zubereitungszeit:
15 Minuten

Geflügelwurst-Burger

6 Stück

1 Geflügelwurstscheiben in 12 runde Scheiben (etwa 5 cm Ø) ausstechen, die Reste in sehr kleine Würfel schneiden.

2 Avocado aushöhlen, mit einer Gabel zerdrücken, mit etwas Zitronensaft beträufeln und die gewürfelte Geflügelwurst unterrühren. Die Avocado-Geflügel-Mischung auf 6 Geflügelwurstscheiben verteilen.

3 Kumquats waschen und in Scheiben schneiden. Erst die Kumquatscheiben, dann die restlichen Geflügelwurstscheiben auf die Avocado-Geflügel-Mischung legen und so zu Burgern schichten.

Tipp: *Nach Belieben mit Kumquatscheiben und Kräutern garnieren.*

Zutaten

300 g Gehacktes (halb Rind-, halb Schweinefleisch)
1 Ei
4 EL Mexikosauce (Fertigprodukt aus der Flasche)
2 EL Semmelbrösel
Salz
frisch gemahlener Pfeffer
1 EL gehackte Petersilie
2 EL in kleine Würfel geschnittene, rote Paprika
2–3 längliche Kartoffeln (à etwa 125 g)
125 ml (⅛ l) Gemüsebrühe

Zum Garnieren:
etwas Mexikosauce
einige Tortilla-Chips

Zubereitungszeit:
30 Minuten, ohne Abkühlzeit

Tex Mex–Happen

16 Stück

1 Gehacktes mit Ei, Sauce und Semmelbröseln gut vermengen, mit Salz und Pfeffer würzen. Petersilie und Paprika unterrühren. Das Gehackte zu 16 Talern formen.

2 Kartoffeln schälen, waschen und in 16 etwa 1 cm dicke Scheiben schneiden. Die Hackfleischtaler auf die Kartoffelscheiben legen und mit Holzspießchen zusammenstecken.

3 Gemüsebrühe in einem großen, flachen Topf erhitzen, die Taler hineingeben und bei schwacher Hitze mit geschlossenem Deckel etwa 15 Minuten dünsten lassen.

4 Die Taler in dem Sud erkalten lassen, dann trockentupfen und auf einer Platte anrichten. Auf jeden Taler 1 Teelöffel Mexikosauce auf die Taler legen und mit Tortilla-Chips garnieren.

(Fortsetzung Seite 104)

(Fortsetzung von Seite 102)

Zutaten
100 g Eisbergsalat
150 g Eiersalat (fertig gekauft, aus dem Kühlregal)
4 Scheiben Sandwichtoastbrot
2–4 Scheiben (etwa 50 g) Putenbrustaufschnitt
4 Scheiben (etwa 50 g) Bacon (Frühstücksspeck)
2 kleine Tomaten

Zubereitungszeit:
20 Minuten

Club Sandwich

8 Stück

1 Eisbergsalat putzen, waschen, trockentupfen und in feine Streifen schneiden.

2 Eiersalat mit Eisbergsalat mischen und auf die Toastbrotscheiben streichen.

3 Auf 2 Toastbrotscheiben den Putenbrustaufschnitt legen, die anderen Toastbrotscheiben mit der bestrichenen Seite auf den Aufschnitt legen und etwas andrücken. Die Sandwiches zweimal diagonal durchschneiden, so dass jeweils 4 Dreiecke entstehen.

4 Bacon in einer Pfanne braten, die Scheiben halbieren und auf die Sandwiches verteilen.

5 Tomaten waschen, vierteln, Stängelansätze herausschneiden und die Sandwiches mit den Tomatenvierteln garnieren.

Zutaten
250 g Butterkäse
1 Bund Basilikum
80 g weiche Butter
Cayennepfeffer
Currypulver
1 Pck. größere Cräcker
12 Cocktailtomaten

Zubereitungszeit:
15 Minuten

Basilikumcreme auf Cräckern

24 Stück

1 Butterkäse fein raspeln. Basilikum abspülen, trockentupfen und die Blättchen von den Stängeln zupfen. Basilikum in Streifen schneiden, einige zum Garnieren zurückbehalten.

2 Butter cremig rühren, mit Basilikum und Käseraspeln vermischen. Die Basilikumcreme mit Cayennepfeffer und Curry pikant würzen.

3 Mit einem Teelöffel je einen Klacks der Käsecreme auf einen Cräcker geben und in der Mitte jeweils 1 halbe Cocktailtomate und ein Basilikumblättchen garnieren.

Abwandlung: *Currycreme (Foto)*
Für eine Currycreme die Käsecreme ohne Basilikumstreifen zubereiten.

Internationale Platten

Italienische Platte

8 Portionen

Möhren mit Parmaschinken

10–12 Stück

Zutaten

10–12 junge Möhren
3 EL Olivenöl
1 EL Balsamicoessig
Salz
1 Prise Zucker
frisch gemahlener Pfeffer
5–6 Scheiben Parmaschinken
evtl. Petersilie

Zubereitungszeit:
25 Minuten, ohne Marinierzeit

1 Möhren, putzen, etwas von dem Stiel stehen lassen, waschen, kurz in kochendem Salzwasser blanchieren.

2 Olivenöl mit Balsamicoessig, Salz, Zucker und Pfeffer verrühren, die Möhren etwa 60 Minuten damit marinieren, zwischendurch wenden.

3 Die Möhren aus der Marinade nehmen und jeweils mit einer halben Scheibe Parmaschinken umwickeln. Nach Belieben mit Petersilie garnieren.

Bruschetta

8 Stück

Zutaten

8 Scheiben Ciabatta
8 große, abgezogene, gewürfelte Tomaten
3 abgezogene, in Würfel geschnittene Knoblauchzehen
1 abgezogene, in Würfel geschnittene Zwiebel
2 TL Zitronensaft
6 EL Olivenöl
1 TL italienische Kräuter
Salz
frisch gemahlener Pfeffer
evtl. 8 Kapernäpfel

Zubereitungszeit:
20 Minuten

1 Ciabattascheiben toasten (oder in etwas Olivenöl anbraten).

2 Tomatenwürfel mit den Knoblauch- und Zwiebelwürfeln mischen, mit Zitronensaft, Olivenöl, Kräutern, Salz und Pfeffer verrühren und abschmecken.

3 Die Tomatenmischung auf den Brotscheiben verteilen, nach Belieben mit den Kapernäpfel garnieren.

(Fortsetzung Seite 108)

(Fortsetzung von Seite 106)

Mariniertes Gemüse

8 Stück

Zutaten
8 Artischockenherzen (aus der Dose)
je 1 rote und grüne Paprikaschote
5 EL Olivenöl
1 EL Zitronensaft
1 abgezogene, in Würfel geschnittene Knoblauchzehe
2 TL gemischte, gehackte Kräuter
Salz
frisch gemahlener Pfeffer

Zubereitungszeit:
25 Minuten, ohne Durchziehzeit

1 Artischockenherzen in eine flache Schale verteilen.

2 Paprika vierteln, entstielen, entkernen, die weißen Scheidewände herausschneiden, Schoten waschen, in kochendes Salzwasser geben und 3–5 Minuten kochen lassen.

3 Die Paprikaviertel sofort kurz in kaltes Wasser legen, herausnehmen, etwas abkühlen lassen und die Haut abziehen.

4 Olivenöl, Zitronensaft, Knoblauch, Kräuter, Salz und Pfeffer verrühren, über dem Gemüse verteilen und einige Stunden durchziehen lassen.

5 Die Paprikaschoten aufrollen, mit einem Holzspießchen auf die Artischocken spießen.

Mozzarella mit Tomaten

4–5 Portionen

Zutaten
4 Strauchtomaten
250 g Mozzarella
1 EL Zitronensaft oder Balsamicoessig
Salz
grob gemahlener Pfeffer
5 EL Olivenöl
10 Basilikumblätter

Zubereitungszeit:
15 Minuten

1 Tomaten waschen, halbieren und die Stängelansätze herausschneiden. Die Tomaten in Scheiben schneiden.

2 Mozzarella in Scheiben schneiden und auf die Tomatenscheiben legen.

3 Zitronensaft, Salz und Pfeffer verrühren, Olivenöl unterrühren und auf den Mozzarellascheiben verteilen. Mit Basilikumblättchen garnieren.

Mortadellascheiben

4 Portionen

Zutaten
150 g italienische Mortadella, in sehr dünne Scheiben geschnitten
Basilikum

Zubereitungszeit:
5 Minuten

1 Die Mortadellascheiben auf einer Platte locker anrichten und mit Basilikum garnieren.

Parmaschinken auf Grissinistangen

12 Stück

1 Je 1 Spalte Melone und 1 Grissinistange in eine Scheibe Parmaschinken wickeln.

Tipp: *Sofort servieren, die Grissinistangen weichen nämlich bei längerem Stehen durch.*

Zutaten

12 dünne Spalten Ogenmelone, ohne Schale
12 Grissinistangen
12 Scheiben Parmaschinken

Zubereitungszeit:
10 Minuten

Salamischeiben mit Oliven

12 Stück

1 Die Salamischeiben zu Tüten aufrollen, auf die Platte legen und mit den Oliven und dem Rosmarin garnieren.

Zutaten

150 g italienische Salami, in Scheiben
je 8 schwarze und grüne Oliven
2 Zweige Rosmarinnadeln

Zubereitungszeit:
10 Minuten

Auberginenpaste auf Crostini *(ohne Foto)*

24 Stück

1 Aubergine auf ein Backblech legen und das Blech in den Backofen schieben.

Ober-/Unterhitze: 200–220 °C (vorgeheizt)
Heißluft: 180–200 °C (vorgeheizt)
Gas: Stufe 3–4 (vorgeheizt)
Backzeit: etwa 25 Minuten

2 Aubergine aus dem Backofen nehmen, ein feuchtes Küchentuch auf die Aubergine legen und auskühlen lassen.

3 Aubergine halbieren und das Fruchtfleisch herauskratzen, dabei die Kerne entfernen. Schafkäse etwas zerkleinern und mit dem Fruchtfleisch pürieren.

4 Knoblauch abziehen, zerdrücken und zusammen mit Öl und Zitronensaft unter das Auberginenpüree rühren. Mit Salz und Pfeffer würzen.

5 Basilikumblättchen von den Stängeln zupfen, die Blätter abspülen, trockentupfen, fein schneiden und unter das Püree mischen.

6 Öl in einer Bratpfanne erhitzen, die Brotscheiben darin anbraten. Dann mit der Auberginenpaste bestreichen und mit Tomatenwürfeln bestreut servieren.

Zutaten

1 mittelgroße Aubergine
100 g Schafskäse
3 Knoblauchzehen
4 EL Olivenöl
1–2 EL Zitronensaft
Salz
frisch gemahlener Pfeffer
½ Töpfchen Basilikum
6 EL Olivenöl
24 kleine Scheiben Weißbrot
2 EL Tomatenwürfel

Zubereitungszeit:
45 Minuten, ohne Abkühlzeit

Spanische Platte

6 Portionen

Tapas mit Olivencreme

12 Stück

Zutaten

- **100 g schwarze Oliven**
- **4 Sardellenfilets (oder Anchovis)**
- **1 TL abgetropfte Kapern**
- **Zitronensaft, 2 EL Olivenöl**
- **Salz, Pfeffer**
- **12 geröstete Baguettescheiben**
- **6 halbierte Sardellenfilets**
- **gewaschene Römersalatblätter**
- **2 Tomaten**

Zubereitungszeit:
25 Minuten

1 Oliven entsteinen, mit Sardellenfilets pürieren (nicht zu fein).

2 Das Oliven-Sardellen-Püree mit Kapern, Zitronensaft, Olivenöl, Salz und Pfeffer abschmecken und auf die Baguettescheiben streichen. Mit Sardellenfilets und Römersalatblättern garnieren.

3 Tomaten kurze Zeit in kochendes Wasser legen (nicht kochen lassen), in kaltem Wasser abschrecken, enthäuten, die Stängelansätze herausschneiden, Tomaten würfeln und die Baguettescheiben damit bestreuen.

Eier, gefüllt mit Gemüsemus

24 Stück

Zutaten

Für das Broccolimus:

- **150 g gekochter Broccoli**
- **2 geh. TL Crème double**
- **Salz, Pfeffer**
- **geriebene Muskatnuss**
- **6 hartgekochte Eier**
- **12 kleine Salamischeiben**
- **einige Broccoliröschen**

Für das Möhrenmus:

- **150 g gekochte Möhren**
- **75 g Doppelrahm-Frischkäse**
- **1 Prise Zucker**
- **1 TL Zitronensaft**
- **6 hartgekochte Eier**
- **12 halbierte Putenbrustscheiben**
- **Möhrenkugeln**

Zubereitungszeit:
45 Minuten

1 Für das Broccolimus Broccoli mit Crème double, Salz, Pfeffer und Muskat in eine Schüssel geben. Eier pellen, längs halbieren, das Eigelb herauslösen, zu der Broccolimasse geben und pürieren.

2 Eiweißhälften mit Salamischeiben auslegen, die Broccolimasse in einen Spritzbeutel füllen und in die Eihälften spritzen und nach Belieben mit Broccoliröschen garnieren.

3 Für das Möhrenmus gekochte Möhren mit Frischkäse, Salz, Pfeffer, Zucker und Zitronensaft in eine Schüssel geben. Eier pellen, längs halbieren, das Eigelb herauslösen, zu der Möhrenmasse geben und pürieren.

4 Eiweißhälften mit Putenbrustscheiben auslegen, die Möhrenmasse hineinspritzen und nach Belieben mit Möhrenkugeln garnieren.

(Fortsetzung Seite 112)

(Fortsetzung von Seite 110)

Spargelschnittchen
12 Stück

Zutaten
12 Pumpernickeltaler
40 g Butter
24 Gurkenscheiben
12 Scheiben Serranoschinken
400 g gekochte, weiße und grüne Spargelköpfe
100 g Crème fraîche mit frischen Kräutern

Zubereitungszeit:
20 Minuten

1 Pumpernickeltaler mit Butter bestreichen, mit jeweils 2 Gurkenscheiben und 1 Scheibe Schinken und mit Spargelköpfen belegen.

2 Die Schnitten mit Holzspießchen feststecken und etwas Crème-fraîche darauf verteilen.

Tipp: *Statt Seranoschinken kann auch ein anderer luftgetrockneter Schinken genommen werden.*

Tortilla
4 Portionen

Zutaten
2 kleine Zwiebeln
4 EL Olivenöl
400 g rohe Kartoffeln, geschält und in dünne Scheiben geschnitten
150 g Zucchini, in Scheiben geschnitten
Salz
frisch gemahlener Pfeffer
6 Eier
4 EL Schlagsahne
2 EL Schnittlauchröllchen

Zubereitungszeit:
30 Minuten, ohne Abkühlzeit

1 Zwiebeln abziehen und in Ringe schneiden. Öl in einer Pfanne erhitzen, die Hälfte des Gemüses dazugeben, von allen Seiten in etwa 10 Minuten goldbraun braten, mit Salz und Pfeffer bestreuen.

2 Eier mit Salz, Pfeffer, Sahne und Schnittlauchröllchen verquirlen, die Hälfte davon über die Kartoffel-Zucchini-Masse geben, den Deckel auflegen, bei schwacher Hitze stocken lassen.

3 Die Tortilla vorsichtig aus der Pfanne nehmen, erkalten lassen, in kleine Tortenstücke schneiden und in Pergamentpapier einschlagen.

4 Die zweite Tortilla mit den restlichen Zutaten genau so zubereiten.

Albondigas (Foto)

Zutaten
2 Schalotten
2 Knoblauchzehen
20 g altes Weißbrot
1–2 Chilischoten
125 ml (⅛ l) Olivenöl
400 g Rinderhackfleisch
Salz
1 kleines Ei
20 g Weizenmehl

Zubereitungszeit:
25 Minuten, ohne Abkühlzeit

1 Schalotten und Knoblauch abziehen und fein würfeln. Brot in kaltem Wasser einweichen, dann gut ausdrücken. Chilischoten halbieren, entkernen, waschen und fein würfeln.

2 Schalotten und Knoblauch in 2 Esslöffel Olivenöl andünsten, dann mit dem Hackfleisch, Brot, Chili, Salz und Ei vermengen.

3 Mit bemehlten Händen walnussgroße Bällchen formen und sie in dem restlichen Öl etwa 8 Minuten braten.

Tipp: *Tomatensauce dazureichen.*

Orientalische Platte

6 Portionen

Koriandertaler

24 Stück

Zutaten

½ Dose Kichererbsen (Abtropfgewicht 220 g)
1 Stück Fladenbrot (etwa 50 g)
1 kleine, rote Zwiebel
150 g Lammgehacktes
1 TL Kreuzkümmel (Cumin)
2 EL gehackte Korianderblätter
abgeriebene Schale von 1 Zitrone (unbehandelt)
Salz, 4 EL Speiseöl

Zubereitungszeit:
30 Minuten, ohne Abkühlzeit

1 Kichererbsen abtropfen lassen und pürieren. Fladenbrot einweichen. Zwiebel abziehen und fein würfeln.

2 Fladenbrot gut ausdrücken, mit Gehacktem, Zwiebelwürfeln, Kümmel, Koriander und Zitronenschale zum Kichererbsenpüree geben. Mit Salz abschmecken.

3 Aus der Masse etwa 24 kleine (Ø etwa 4 cm) Taler formen und in einer Pfanne, in erhitztem Öl, etwa 2 Minuten von jeder Seite braten. Die Koriandertaler erkalten lassen.

Eingelegter Blumenkohl

4 Portionen

Zutaten

1 Blumenkohl (etwa 500 g)
Salzwasser
2 Knoblauchzehen
40 g frischer Ingwer
2 rote Chilischoten (oder 4 getrocknete)
1 grüne Pfefferschote
250 ml (¼ l) Apfelessig
250 ml (¼ l) Wasser
1 EL Salz
150 g große, helle Sultanien (gibt es in türkischen Lebensmittelläden)

Zubereitungszeit:
20 Minuten, ohne Durchziehzeit

1 Blumenkohl putzen, in Röschen teilen, waschen und in kochendem Salzwasser etwa 3 Minuten kochen lassen. Dann den Blumenkohl abgießen und in ein großes Glas füllen.

2 Knoblauch abziehen und in Scheiben schneiden. Ingwer schälen und in Stücke schneiden. Chili- und Pfefferschoten waschen, halbieren, entkernen und in feine Ringe schneiden.

3 Essig und Wasser zum Kochen bringen. Die vorbereiteten Zutaten zusammen mit Salz und Sultanien in die Essigflüssigkeit geben, alles einmal aufkochen lassen und über den Blumenkohl gießen. Das Glas verschließen und etwa 2–3 Tage im Kühlschrank durchziehen lassen. Das Glas zwischendurch einmal kippen, damit sich die einzelnen Zutaten gut verteilen.

Tipp: *Der eingelegte Blumenkohl ist mehrere Tage haltbar.*

(Fortsetzung Seite 116)

(Fortsetzung von Seite 114)

Möhrenbällchen
24 Stück

Zutaten
175 g weicher Ziegenfrischkäse
100 g feingeraspelte Möhren
25 g feingehackte, helle Rosinen
1 geh. TL Honig
gemahlener Zimt
gemahlener Koriander
24 kleine japanische Reiscräcker
1 EL schwarzer Kümmel

Zubereitungszeit:
20 Minuten

1 Frischkäse mit Möhren, Rosinen und Honig verrühren. Mit Zimt und Koriander abschmecken.

2 Aus dem Käse mit 2 angefeuchteten Teelöffeln 30 kleine Bällchen formen und diese auf die Reiscräcker setzen. Mit Kümmel bestreuen.

Tipps: *Die Möhrenbällchen auf gewaschenen Salatblättern anrichten. Sie können gut vorbereitet werden, sollten aber erst kurz vor dem Servieren auf die Cräcker gesetzt werden, da die Cräcker sonst durchweichen.*

Amerikanische Platte

6 Portionen

Guacamole
3–4 Portionen

Zutaten
1–2 Avocados (300–400 g)
2 EL Limonensaft
1 mittelgroße Fleischtomate
1 EL in Würfel geschnittene rote Zwiebel
1 EL gehackter Koriander
etwas Chilipulver
Salz
etwa 60 g Eisbergsalat
1 TL Essig
1 Prise Zucker
frisch gemahlener Pfeffer
etwas Speiseöl
6 Tacoschalen

Zubereitungszeit:
20 Minuten

1 Avocados halbieren, entsteinen, das Fruchtfleisch herauslösen und mit Limonensaft zerdrücken.

2 Tomate enthäuten, Stängelansatz herausschneiden, entkernen und die Tomate in Würfel schneiden.

3 Tomatenwürfel zusammen mit den Zwiebelwürfeln und dem Koriander unter das Avocadomus rühren. Mit Chilipulver und Salz abschmecken.

4 Eisbergsalat putzen, waschen, trockentupfen und in feine Streifen schneiden. Essig mit Zucker, Salz und Pfeffer verrühren, Öl hinzufügen und unter den Salat mischen.

5 Tacoschalen vierteln, den Salat und die Guacamole darauf verteilen und sofort servieren (die Guacamole wird sonst nach längerem Stehen braun und die Tacos weich).

Tipp: *Die Guacamole kann auch als Dip zu Tortilla-Chips oder rohem Gemüse gereicht werden.*

(Fortsetzung Seite 118)

(Fortsetzung von Seite 116)

Bagels mit Kichererbsenmus

12 Stück

Zutaten

Für die Bagels:
4 Sonntagsbrötchen (aus dem Kühlregal)
etwas Kondensmilch
2 EL Sesamsamen
1 TL grobes Meersalz

Für das Kichererbsenmus:
½ Dose Kichererbsen (Abtropfgewicht 220 g)
100 ml Gemüsesaft
3 EL Sesamöl
1 EL American Mustard (oder anderen milden, süßlichen Senf)
abgeriebene Schale von 1 Zitrone (unbehandelt)
1 Knoblauchzehe
40 g abgetropfte Kapern
1 EL Zitronensaft
Salz
Cayennepfeffer

Zubereitungszeit:
30 Minuten, ohne Abkühlzeit

1 Für die Bagels den Sonntagsbrötchenteig aus der Packung nehmen, jedes Teigstück mit einem scharfen Messer in 3 Teile schneiden, so dass 12 Scheiben entstehen.

2 Die Teigscheiben auf ein mit Backpapier ausgelegtes Backblech legen. Mit einer runden Ausstechform in der Mitte etwa 1 cm große Kreise ausstechen.

3 Den Teig mit Kondensmilch bestreichen und mit Sesam oder Hagelsalz oder auch mit beiden Zutaten bestreuen. Das Backblech in den Backofen schieben.

Ober-/Unterhitze: etwa 200 °C (vorgeheizt)
Heißluft: etwa 180 °C (vorgeheizt)
Gas: Stufe 3–4 (vorgeheizt)
Backzeit: etwa 10 Minuten

4 Die Bagels erkalten lassen. Für das Kichererbsenmus Kichererbsen gut abtropfen lassen, mit Gemüsesaft pürieren. Öl, Senf und Zitronenschale unterrühren.

5 Knoblauch abziehen und zerdrücken. Kapern halbieren. Beide Zutaten zu dem Gemüsemus geben und mit Zitronensaft, Salz und Cayennepfeffer abschmecken. Das Kichererbsenmus auf den Bagels verteilen oder extra dazureichen.

Bohnenpüree auf Baconpfannkuchen

12 Stück

1 Bacon in dünne Streifen schneiden, in einer beschichteten Pfanne (Ø etwa 18 cm) Speck glasig braten.

2 Eier verquirlen, Petersilie hinzufügen und über den Speck gießen. Die Eimasse bei schwacher Hitze zugedeckt zu einem Pfannkuchen von beiden Seiten ausbacken.

3 Den Pfannkuchen vorsichtig aus der Pfanne heben, erkalten lassen und in 12 Tortenstücke schneiden.

4 Für das Bohnenpüree Bohnen mit der Bohnenflüssigkeit und Ketchup pürieren. Zwiebel abziehen und fein hacken. Zwiebel und Oregano unterrühren, mit Salz und Pfeffer abschmecken und auf die Pfannkuchenstücke verteilen. Nach Belieben mit Oregano und Tomatenstückchen garnieren.

Tipp: *Das Bohnenpüree kann auch als Dip zu Tortilla-Chips gereicht werden, dann zusätzlich mit Salz und Pfeffer abschmecken.*

Zutaten

150 g Bacon (Frühstückspeck)
2 Eier
1 EL gehackte Petersilie

Für das Bohnenpüree:
½ Dose Kidneybohnen (Abtropfgewicht 125 g)
2 EL Tomatenketchup
1 kleine, rote Zwiebel
1 EL frischer, gehackter Oregano
Salz
frisch gemahlener Pfeffer

Zum Garnieren:
etwas Oregano
1 Tomate

Zubereitungszeit:
30 Minuten

Kürbispasteten

20–24 Stück

1 Kürbisfleisch in kleine Würfel schneiden. Frühlingszwiebel putzen, waschen und in Ringe schneiden.

2 Sahne in einem Topf zum Kochen bringen, Kürbis und Frühlingszwiebelringe hinzufügen und etwa 3 Minuten bei schwacher Hitze dünsten.

3 Das Gemüse pürieren, mit Salz, Pfeffer und Muskat abschmecken und erkalten lassen.

4 Chilischoten waschen, längs halbieren, entkernen, in sehr feine Würfel schneiden und unter das Gemüsemus rühren.

5 Salatblätter putzen, abspülen, trockentupfen, evtl. in mundgerechte Stücke zupfen und in die Pasteten verteilen.

6 Das Kürbismus in einen Spritzbeutel mit glatter Tülle füllen und die Masse in die Pasteten spritzen.

Tipp: *Das Kürbismus schmeckt auch als Dip zu Chips oder kaltem Bratenaufschnitt sehr gut. Es kann auch sehr gut eingefroren werden.*

Zutaten

250 g Kürbisfleisch
1 Frühlingszwiebel
100 ml Schlagsahne
Salz
frisch gemahlener Pfeffer
geriebene Muskatnuss
2 rote Chilischoten
nach Belieben einige Salatblätter, z. B. Lollo rosso, Lollo blanco oder Feldsalat
20–24 Blätterteigpasten oder Croustades (Ø 3 ½ cm)

Zubereitungszeit:
30 Minuten, ohne Abkühlzeit

Ratgeber

Eigentlich sind kalte Platten eine ganz einfache und praktische Sache. Für einige Rezepte haben Sie vielleicht sogar schon alles da und könnten spontan loslegen. Mal als raffiniertes Abendbrot, für einen Spieleabend oder einfach mal so. Dafür bedarf es keines Ratgebers. Dieser Ratgeber soll Ihnen bei größeren Anlässen eine Hilfe sein.

Auswahl der Speisen

Die Zusammenstellung der kalten Platten richtet sich nach dem Anlass, der Jahreszeit und der Anzahl der Gäste. Je mehr Gäste Sie erwarten, um so mehr verschiedene Platten können Sie anbieten. Je wichtiger der Anlass der Einladung, desto aufwendiger werden die Platten sein.

Beherzigen Sie aber auch das Motto: „Weniger ist oft mehr". Beschränken Sie sich auf eine geschmacklich abgestimmte Kombination verschiedener Gerichte und verdoppeln Sie lieber einige Rezeptvorschläge. Allzu viel Auswahl kann Ihre Gäste unter Umständen eher verunsichern als anregen.

Natürlich sind die Rezepte innerhalb der Plattenvorschläge (beispielsweise beim Käse) gut austauschbar.

Die Rezepte sind fast ausnahmslos gut vorzubereiten. Bei den Rezepten, die nicht lange stehen dürfen, steht auch sofort servieren dabei.

Vorbereitung

Ein Termin- und Arbeitsplan kann die Arbeit erleichtern. Je aufwendiger die Einladung und größer der Rahmen ist, desto genauer sollten Sie planen. Allein schon, um selbst einen kühlen Kopf bewahren zu können. Stellen Sie einen Zeitplan auf und tragen Sie alles, was an Vorbereitungen nötig ist, in Ihren Zeitplan ein. Z. B.: Einladung, Hilfe beim Vorbereiten, Lebensmitteleinkauf, Getränkeeinkauf, Geschirr, Tischdekorationen, Blumen, Kochvorbereitungen usw.

Einkauf und Zubereitung

Beim Kauf der Zutaten muss unbedingt auf frische Ware achtet werden, denn die fertigen Platten stehen meist, wenn auch zugedeckt, noch lange sehr lange bis zum Verzehr.

Aufschnitt- oder Käsescheiben sollten deshalb auch nicht zu dünn geschnitten sein (es sein denn es ist im Rezept ausdrücklich erwähnt), denn wenn sie länger stehen, werden sie an den Rändern schneller trocken und sehen unansehnlich aus.

Natürlich ist die Zubereitung mit gutem Werkzeug leichter. Handrührgerät (oder Küchenmaschine), Pürierstab, Mixer, Toaster, Apfelausstecher werden bei vielen Rezepten benötigt.

Ratgeber

Gute, scharfe Messer und eine Küchenschere setzen wir voraus.

Wer häufig kalte Platten zubereitet und auch Wert auf eine schöne Dekoration legt, für den lohnt sich sicher über kurz oder lang die Anschaffung einiger Utensilien, wie z. B. Buntmesser, Kugelausstecher und Eischneider.

Anrichten auf den Platten

Die ausgewählten Speisen werden erst auf der Platte angerichtet, wenn alle Einzelrezepte fertiggestellt sind. Ansonsten kann es Ihnen passieren, dass alles schön arrangiert ist, die Platte aber schon voll ist, bevor die letzten Teile darauf sind und alles muss nochmals umverteilt werden.

Die Platten sollten lieber etwas größer als zu klein sein (statt Platten können auch Tabletts, Tortenplatten, Holzbretter gute Dienste leisten. Schneidebretter z. B. mit Alufolie umwickeln). Für die Optik ist es schöner, wenn die Reihen nicht zu dicht gelegt werden, und es bietet sich die Möglichkeit, es noch hübscher zu garnieren. Z. B. können die unterschiedlichen Speisen noch durch Kräuter oder Gemüse abgegrenzt werden oder themenbezogene Dekorationen (Flagge oder Band in den

Ratgeber

italienischen Landesfarben bei italienischer Platte) finden noch Platz.

Die fertig vorbereiteten Platten bis zum Servieren mit Frischhaltefolie zudecken. Damit die Folie nicht an Cremes, Mus oder sonstigem festpappt, entweder Zahnstocher in das ein oder andere Häppchen stecken oder andere höhere Dinge, wie z. B. Schnapsgläser, dazwischen stellen, damit die Folie nicht auf den Häppchen aufliegt.

Besteck und Geschirr

Legen Sie auch früh genug Anlegegabeln, Fleischgabel, Löffel, Tortenheber usw. bereit. Die Sucherei danach kann manchmal länger dauern, als gedacht, und wenn dann noch festgestellt wird, dass das Silber erst noch geputzt werden müsste, kann es doch noch hektisch werden.

Gläser, Geschirr, Essbesteck und Servietten sollten genügend bereit liegen (es wird bei kalten Platten die doppelte bis dreifache Menge an Geschirr gerechnet), denn bei kalten Platten wird gern noch mal ein Gang zu späterer Stunde eingelegt. Ein frischer Teller ist dann ganz angenehm oder auch, wenn beispielsweise von Fisch auf Käse gewechselt wird.

Falls es zu Engpässen beim Geschirr kommt, kann sich Geschirr geliehen werden. Entweder von Freunden oder Familie oder von einem Geschirrverleih (Telefonnummern lassen sich über das Branchenfernsprechbuch herausfinden).

Beilagen

Brot und Butter sollte zu den meisten Platten gereicht werden.

Bei der Vielfalt der Brotsorten kann je nach Plattenauswahl immer wieder variiert werden. Da bei kalten Platten viel Wert auf die Optik gelegt wird, sollte auch die Butter etwas dekorativ angerichtet werden. Dafür gibt es spezielle Hilfsgeräte, wie z. B. Butter-Stempel, Butter-Former oder -garnierer. So lässt sich der Brotaufstrich schnell in Röllchen, Rosen, Taler oder Kugeln verwandeln.

Butterkugeln

Zwei geriffelte Holzbrettchen kurze Zeit in kaltes Wasser legen, damit die Butter nicht an den Brettchen kleben bleibt. Aus nicht zu kalter, aber fester Butter Würfel schneiden und diese zwischen den Brettchen zu Kugeln formen.

Ratgeber

Bunte Butterkugeln

Die Butterkugeln in feingehackten Kräuter wälzen und dann - beispielsweise als Herbstdekoration - zu einer Weintraube zusammenlegen. Einige Butterkugeln in Paprikapulver wälzen.

Kräuterbutterrolle

Die Kräuterbutter auf ein längliches Stück Pergamentpapier legen. Das Papier darüberlegen. Mit Hilfe eines Messers die Butter zu einer Rolle formen, kalt stellen. Die erkaltete Butter in Scheiben schneiden.

Buffet

Kalte Platten können auch gut zu einem Buffet zusammengestellt werden. Besonders dekorativ ist es, wenn das Buffet auf unterschiedlichen Höhen, also in Stufen, aufgebaut wird. Die Tischdecken müssen dann groß genug sein, um den Unterbau für die Stufen, wie z. B. umgedrehte Schüsseln oder Konservendosen, zu verdecken.

Getränke

Die Getränkewahl richtet sich nach dem ausgewählten Thema und der Speisenauswahl: Ein italienisches Motto fordert natürlich auch italienischen Weiß- und/oder Rotwein. Zu einem bayerischen Abend passt Bier sehr gut. Aber trotzdem sollte für Gäste, die es lieber mögen, auch Weißwein bereit stehen. Auch antialkoholische Getränke sollten genügend vorhanden sein. Getränkemärkte vergeben Getränke auch in Kommission. So bleiben Ihnen keine großen Reste.

Kapitelregister

Kapitelregister

Alphabetisches Register

Alphabetisches Register

Umwelthinweis	Dieses Buch und der Schutzumschlag wurden auf chlorfrei gebleichtem Papier gedruckt. Die Einschrumpfolie – zum Schutz vor Verschmutzung – ist aus umweltfreundlicher und recyclingfähiger PE-Folie.
Hinweis	Wenn Sie Anregungen, Vorschläge oder Fragen zu unseren Büchern haben, rufen Sie uns an (0521) 520651 oder schreiben Sie uns: Ceres Verlag Am Bach 11 33602 Bielefeld Die Schreibweise in diesem Buch entspricht den Regeln der neuen Rechtschreibung.
Wir danken für die freundliche Unterstützung	The food professionals, Sprockhövel Ketchum PR, München
Copyright	© 1999 by Ceres Verlag Rudolf August Oetker KG, Bielefeld
Redaktion	Andrea Konetzke
Fotos Titelfoto	Thomas Diercks, Hamburg
Innenfotos	Brigitte Wegner, Bielefeld Thomas Diercks, Hamburg Hans-Joachim Schmidt, Hamburg Norbert Toelle, Bielefeld
Rezeptentwicklung	Eike Upmeier-Lorenz, Herford
Grafisches Konzept Gestaltung Titelgestaltung	Björn Carstensen, Hamburg GDH Haselhorst, Bielefeld Kontur Design, Bielefeld
Reproduktionen	Kruse Reproduktionen GmbH, Vreden
Satz	Typografika, Bielefeld
Druck	Mohndruck Graphische Betriebe GmbH, Gütersloh
	Nachdruck, auch auszugsweise, nur mit unserer ausdrücklichen Genehmigung und mit Quellenangabe gestattet.
	ISBN 3-7670-0241-8

50